JN062323

地理学で
卒業論文を書こう

小野映介・前田洋介著

古今書院

はじめに

　本書は、これから地理学の卒業論文（以下、卒論）を執筆しようとする大学生を対象とした、論文執筆のための手引きである。本書が目指すのは、学生を枠に押し込んで、画一的な成果を提示してもらうことではない。むしろ、学生には自由で柔軟な発想のもとで卒論を執筆してもらいたい。そのための手助けとして、本書が活用されることを望む。

　卒論は学術論文に準ずるものであるから、執筆のルールが存在する。そのルールから一脱すると、知らないうちに盗用や剽窃（とうよう ひょうせつ）といった学術的・倫理的に重大なルール違反を犯してしまう可能性がある。本書は、そのような事態におちいることを防ぎ、より良い卒論を書いてもらうための正しい情報の提供を目的としている。

　卒論は4年間の大学生活の集大成であり、たいていの大学・学部では、その提出が卒業要件となっている。大学によっては、教員から学生に研究テーマが与えられ、マンツーマンで指導を受けて、論文を完成させるところもある。しかし、大規模な地理学教室や、地理学担当の教員が少ない大学では、そうした指導が行われることはまれである。1名の教員に対して数名、場合によっては十数名の「ゼミ生」が配属され、卒論の指導が行われるのが一般的であろう。そうなると、教員の手助けはあるものの、基本的に学生は各自で卒論のテーマを選び、執筆することになる。その際、学生はどのようにテーマを選ぶのか、どうやって論文を書き進めるのか、はたして卒論のゴールはどこにあるのかといった悩みに直面するであろう。かつて、そうした問題は「見て倣え（なら）」で片づけられることが多く、問題解決のためのマニュアル作成を良しとしない雰囲気もあった。しかし、現在のように学生が大量の情報に簡単にアクセスができる状況において、先述したような学術的・倫理的なルールを順守した卒論を執筆するためには、ガイドラインの存在が必須である。また現在の学生の大半は、インターネット上の情報に頼りながら論文を執筆することになるが、そこに存在する情報はまさに玉石混交（ぎょくせきこんこう）であり、「情報の質」を見極めるための教育的フォローが求められている。

　これまで学生の卒論指導を行ってきた筆者らは、当初、なかなか卒論を書き始めなくて、提出期限の直前になって慌てる学生をみて、単に怠（なま）けていると思っていた。しかし、何年か指導を繰り返すうちに、そうした学生の中には、深く悩みながら、何から手を付けていいのか分からないという者が存在するということに気づいた。筆者らは、そうした学生の手助けになればという思いで本書を執筆することにした。もちろん、指導の方法は様々であり、教員の立場からすれば本書の内容に違和感を覚える方もおられるかもしれない。繰り返しになるが、本書の目的は卒論の執筆に関して悩める学生の一助となる情報の提供なので、曖昧な表現はなるべく避けて、断定的に記述している。学生や教員からの建設的な批評は受け入れ、本書を「カイゼン」する用意はある。

　本書は、著者らが卒論の指導を繰り返す中で、学生に必ず指摘する事柄、学生がつまずきやすい点などを20の章に分けて簡潔に記した。本書を利用する学生は、必ずしも最初から最後までを熟読する必要はない。卒論の準備や執筆段階において、各自が必要だと感じた章を読んでもらいたい。本書を手にした学生には、アカデミック・ライティングの技法を獲得し、クリエイティブな卒論を完成させてほしい。

目　次

第3部　卒論のためのデータの集め方とまとめ方

第1章　卒論を執筆する意味と意義－なぜ書くのか

➤教科書には載っていない自分だけのデータ、それを得られるワクワク感は、真摯に卒論に
　取り組んだものだけが得ることのできる特別の感覚である。
➤「勉強」と「研究」の違いをはっきりと理解する必要がある。

1．研究に触れる楽しさ

　なぜ、卒論を書かなければならないのか。地理学を専攻する大学生にとって、卒論の提出は
卒業の必須条件であろう。つまり、「大学を卒業するため」に書くということになる。しかし、
そうした消極的な理由のみで卒論に向かい合うのは辛く、モチベーションを維持するのは困難
である。まずは卒論の執筆という作業をポジティブに捉え、「大学で学んだことを活かしてよ
り良い卒論を書こう」とか、「社会に出る前に、とことん学問にのめり込んでみよう」といっ
た具合に気持ちを高めるところから始めてみよう。

　卒論は、学問研究の成果をまとめた一つの「作品」である。研究とは実に奥深いものである
が、卒論ではその一端に触れることになる。既存研究をもとに研究目的を立て、目的に応じた
研究手法によって結果を出す。そして、得られた結果と先行研究の関連を論じるといった一連
の流れによって「発見」が提示できた際には、何とも言い難い達成感が得られる。卒論に取り
組む学生には、その気持ちをほんの一部でも良いので味わってほしい。教科書には載っていな
い自分だけのデータ、それを得られるワクワク感は、真摯に卒論に取り組んだものだけが得る
ことのできる特別の感覚である。

2．「勉強」と「研究」の違い

　読者は小学校、中学校、高等学校で勉強をしてきたはずである。小・中・高における学び方
は徐々に変化しており、思考力の獲得が重要視されてきてはいるが、基本は教科書の内容をノ
ートに写して覚える「暗記」であることに変わりはない。研究においても、そうした勉強は
必要である。基礎的な知識がなければ、研究のスタート台に立つことはできない。しかし、勉
強と研究は明確に異なる。勉強では、これまでの知見を獲得してその理解度が試される。一方、
研究では既存の知見を理解し、咀嚼したうえで新たな地平を切り開くことが求められる。また
研究者は、勉強によって獲得した他人の成果を自分の意見と混同させて発表すれば、剽窃とい
う罪を犯すことになる。加えて、根拠が明確でないのに自分の意見を主張しても、それは研究
にはあたらない。

　卒論も研究論文に該当する。したがって、その執筆の際には勉強と研究の違いをはっきりと
理解してもらう必要がある。卒論の執筆を通じて研究を理解することによって、はじめて学士
という称号が与えられるのである。研究には様々な作法があるが、その作法が大学生向けに言
語化されることは少ない。本書の目的は、卒論執筆のための作法を分かりやすく読者に紹介す
ることにある。

3．ゼミ選びの方法－どのゼミで書くか

　いわゆる「卒論ゼミ」は、3年生（回生）もしくは4年生から始まる。自分が所属するゼミを選ぶ際には、これから取り組もうとしている研究テーマとゼミ担当教員の研究・教育内容がマッチしているかを慎重に検討してほしい。卒論のテーマとは1年間ないし2年間にわたって、向き合わなければならないからである。テーマ設定については第9章で詳述するが、感覚的に決めると後で大変なことになるので、時間をかけて検討してほしい。

　指導教員選びも、極めて重要である。1年生次や2年生次の配当講義を受けることによって、指導教員の候補となる方々の専門分野について、ある程度は知ることができる。ただし、研究活動については講義内容だけでは十分に判断できない。教員の研究内容については、大学のホームページ、researchmap（研究者が業績を管理・発信できるようにすることを目的とした、データベース型研究者総覧）、科学研究費助成事業（基礎から応用までのあらゆる「学術研究」を格段に発展させることを目的とする「競争的研究資金」で、独創的・先駆的な研究に対する助成）の研究課題名などから知ることができる。学術論文を書き慣れており、自分が取り組もうとしているテーマに近い研究内容の教員のゼミを選ぶことが、より良い卒論を完成させるための条件である。

　自分の研究テーマとゼミ担当教員の研究・教育内容が適合したゼミを選ぶと、同様の志を持った学生と机を並べることになる。ゼミの仲間と切磋琢磨しながら卒論を執筆すれば、周辺の研究分野にも触れることにもなり、研究の奥深さをより実感することができるであろう。また、教員からの質問に対する受け答えや、学生同士での議論を繰り返すことによって、事象に対する説明力や論理的思考力が養われることになる。

4．フィールドワーク－かけがえのない経験

　地理学で卒論を書く上で重要であり、最も貴重な経験となるのがフィールドワークである。地理学には、現地を訪ねて調査をすることにより、オリジナルなデータを得られるという楽し

図 1-1　沖縄県久米島における琉球石灰岩の観察
何も知らなければ奇妙な形のただの岩だが、琉球諸島の成り立ちを知る手がかりが残されている．

みがある。ただし、やみくもに野外に出ても得られるものは少ない。事前の入念な準備が必要である。既存研究や地域概観を詳しく抑えることによって、目の前に広がる事象は「研究対象」になる（図1-1）。フィールドワークにもとづくデータ収集の方法については第19章で詳しく述べる。普段、何気なく暮らしている地域、もしくはそれまで知らなかった地域において、自然や人々の活動を地理学的視点で観察し、記載する。緊張感とワクワク感が入り混じったこの感覚は、フィールドワークを行った者にしか分からないだろう。

　フィールドワークの準備にあたっては、調査先へのアポイントメントを取る必要がある。また、自然地理学的調査においても役所から調査許可を得なければならない場合がある。そうしたなかで、学生は社会と接点を持ち、社会性を学ぶことができる。

5. 失敗を恐れずに

　研究計画が優れていても、良いデータが得られるとは限らない。それは熟練の研究者でも同じで、調査結果が「ものになる」割合はそれほど高くない。失敗を恐れて何も始めないよりも、失敗を重ねて微修正を続ければよい。もちろん準備は必要だが、まずはフィールドに出て、空気を肌で感じてみよう。

第2章　卒論ゼミの作法

➤ 毎回のゼミに参加するという当たり前のことができるように心がけてほしい。
➤ ゼミ発表の場は、自分の考えを取りまとめてゼミ構成員に提示し、それについて意見を得られるまたとないチャンスである。
➤ プレゼンテーションがうまくいくかどうかは、どれだけ準備をしたのかにかかっている。
➤ ゼミを欠席するということは、自分が学ぶチャンスを失うだけではなく、他の受講生の学ぶ機会をも奪うことにつながることを認識してほしい。
➤ 教員との面談前の準備に費やす時間を惜しまずに、きちんと自分の聞きたいことを教員に伝える努力をすることが、的確な指導を受けるための近道である。

1.　卒論ゼミへの向き合い方

　3年生次もしくは4年生次から卒論の執筆に向けたゼミに参加することになる。このゼミは、大学における学びの集大成となる卒論の執筆のための貴重な機会であるだけでなく、社会へ出ていくための本格的な準備期間である。また、それまでの「聞く」を中心とした講義とは異なり、「参加」することが求められる。毎回、教員とゼミ生が一体となって、卒論の執筆のための議論をする場である。さらに、市町村などの地方公共団体や民間企業などの協力を得ながら調査・研究を進める場面も出てくる。したがって、一般社会がそうであるように、無断欠席は厳禁である。後に詳述するが、ゼミを欠席すると、それは個人の問題にとどまらず、ゼミ全体に波及してしまう。まずは体調を整えて、毎回のゼミに参加するという当たり前のことができるように心がけてほしい。

2.　ゼミ発表の仕方・聞き方

　卒論ゼミでは、ゼミ生に研究成果についての発表の場が設けられる。それを義務と捉えるのか、チャンスと捉えるのかで、モチベーションは大きく異なるであろう。「やらされている」と考えているうちは、良い発表はできない。発表の場は、自分の考えを取りまとめてゼミ構成員に提示し、それについて意見を得られるまたとないチャンスである。研究は一人で行うことは難しい。卒論に取り組み始めると「自分の研究の方向は、これであっているのだろうか」という疑問を常に持ち続けることであろう。そうした疑問に対する解決の糸口としてゼミ発表を活用してほしい。

　ところで、みなさんは発表の準備にどのくらい時間をかけるだろうか。発表の内容にもよるが、遅くとも二週間前から準備しなければ、中身のある発表はできない。もちろん、それは集中して取り組む期間であって、それ以前の下準備がなされていることが前提である。通常、発表のスケジュールは数ヵ月前には決められているはずなので、自分で計画を立てて臨む必要がある。

　本章の第4節で述べるように、発表にあたってはレジュメやパワーポイントを用いて、聴衆に自分の考えを効果的に伝えなければならない。しかし、優れたプレゼンテーションを初めか

らできる学生は少ない。ただし「自分の考えを知ってもらいたい」という認識のもとで入念な準備をして、場数を踏めば、徐々に良いプレゼンテーションができるようになるので慌てる必要はない。なお、発表の一週間前までには教員にアポイントメントを取って、発表内容を相談することが望ましい。その際は、「何を発表したら良いでしょうか」という抽象的なものではなく、「このような発表内容について、意見をもらいたい」という具体的な相談であれば、良いアドバイスが得られるだろう。繰り返しになるが、プレゼンテーションがうまくいくかどうかは、どれだけ準備をしたのかにかかっている。

　発表者以外のゼミ生は、どのようにゼミに参加すれば良いのだろうか。必要なのは、自分以外のゼミ生の発表を漫然と聞かないという態度である。発表者がどのようなことを考え、研究を進めているのかということを真摯に理解しようとすることによって、自分の研究を客観的に見つめなおすことができる。また、教員は発表者に対してアドバイスをする場面があるが、それは発表者のみに対するもので無く、他のゼミ生に向けたものでもある。ぜひとも自分事として捉えてほしい。

　なお、他のゼミ生の発表に対しては積極的に質問をしてほしい。質問できるということは、その発表の内容をある程度理解しているということである。質問するという行為は訓練しなければできない。まずは、事実確認や不明な点を聞くことから始めてみると良いだろう。一方、発表者の立場からすると、質問されることにより、自分が伝えきれなかった点を改めて認識することになる。質問と回答というキャッチボールは、社会に出てから求められる重要なスキルである。学問を通じて、社会性も身に着けてほしい。

3. なぜゼミを休んではいけないのか

　社会性という意味では、ゼミの欠席は最も避けなければならないことである。社会に出たら、体調を整えて仕事に臨むことが求められる。基本的にゼミは一週間に一回である。そこに体調を合わせて、規則正しい生活を送り、将来の会社などでの勤務に備える必要がある。

　卒論ゼミでは、発表者が欠席すればゼミが成立しないことは言うまでもない。また、先に述べたように教員は、発表者だけでなく、他のゼミ生に向けてアドバイスする場面がある。欠席者は、そのアドバイスを聞き逃すことになる。すると、欠席した学生に対して教員は同じアドバイスを繰り返し伝えなければならず、他のゼミ生は同じアドバイスを繰り返し聞くことになる。これは、まったくの時間の無駄である。

　改めて記すが、ゼミは受講生がみんなで作り上げるものである。ゼミを欠席するということは、自分が学ぶチャンスを失うだけではなく、他の受講生の学ぶ機会をも奪うことにつながることを認識してほしい。

4. 発表資料の作成

　たいていの場合、ゼミで個人に割り当てられる発表時間は、質疑応答を含めて20〜30分程度であろう。この短い時間では、要点をかいつまんで発表する必要がある。そのためには、やはり下準備が重要なことは言うまでもない。ここでは、レジュメとパワーポイントのスライドの作成にあたって注意すべき基本事項を述べる。

地理学演習 　　　　　　　　　　　　　　　　　　　　　　　 2023 年 4 月 20 日
　　　　　　　　　　　　　　　　　　　　　　　　　　　　　　　小野映介

京都盆地東縁、白川扇状地における更新世末以降の堆積環境の変遷

Ⅰ．視点・目的

　京都盆地東縁の一部には、東山を集水域とする白川によって形成された**扇状地（沖積錐）**が認められる。この扇状地は一般的に白川扇状地と呼ばれており、当地には**六勝寺跡**をはじめとした多くの遺跡が存在することが知られている。六勝寺とは、平安時代末期に建立された法勝寺・尊勝寺・最勝寺・円勝寺・成勝寺・延勝寺の総称である。近年、それらの寺域跡を対象とした発掘調査が相次いで行われ、伽藍の規模や配置が明らかになってきた（京都市埋蔵文化財研究所 2011 など）。

　考古遺跡の発掘調査では、遺構や遺物から過去の人々の活動の様子を解明できるだけではなく、精緻な地形や地質に関するデータを得ることが可能である。筆者は、発掘調査を実施した公益財団法人京都市埋蔵文化財研究所の協力を得て、六勝寺関連の調査区における地質断面の記載や各種分析を行い、白川扇状地の形成過程に関わる基礎データを得た。

　日本列島には、平野・盆地と山地との境界部に白川扇状地のような比較的小規模な堆積地形区が多くみられる。近年、そのような扇状地は**「自然災害の発生場所」**として注目されているが（六甲土石流団体研究グループ 2001 など）、それらがどのような過程を経て形成された場なのか、すなわち地形発達史について十分に検討されてきたとは言えない。後に詳述するように、本稿で対象とする白川扇状地は**花崗岩山地**を後背地に有する。一般的に、風化の進んだ花崗岩から成る山地と、その山麓堆積地形は活発な土砂移動のもとでかたちづくられたと解されるが、山麓部の扇状地にはどの程度の頻度で土砂が供給されてきたのだろうか。そうした堆積地形を対象とした発達史の解明は、地形学のみならず防災の観点からも極めて重要な課題であると言えよう。

　本稿では、上記の観点をもとに白川扇状地南部に立地する 4 つの遺跡の発掘調査において得られた地形・地質データを示すとともに、白川扇状地における更新世末以降の堆積環境の変遷について若干の考察を加える。

Ⅱ．地域概観

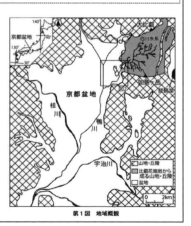

第 1 図　地域概観

　京都盆地の東側、大津市から京都市にわたる比叡山―大文字山地域には、白亜紀後期の比叡花崗岩体が分布している（第 1 図：周琵琶湖花崗岩団体研究グループ 2008 など）。当地には白川の水系が発達しており、同河川は京都盆地側に流れ出て、山麓部に扇状地を形成する。なお、白川扇状地周辺では活断層の存在が指摘されおり（吉岡ほか 1998 など）、花折断層の最新活動時期は 2,500〜1,500 年前、それに先立つ活動時期は 7,800〜7,000 年前で、過去 2 回の活動間隔は 4,500〜6,300 年と見積もられている（吉岡ほか 2002 など）。

図 2-1　レジュメの作成事例（一部）
小野（2020）より作成.

　レジュメには、定型として講義名・発表日・発表者名・題目を記す必要がある（図2-1）。題目とは卒論の題目であり、仮でも良いから論文調の題目をつける。「○○○について」、「△△△の調査結果」というのは適切ではない。論文の題目のつけ方については、第10章を参照してほしい。

京都盆地東縁、白川扇状地における
更新世末以降の堆積環境の変遷

小野映介

地理学演習

2023 年 4 月 20 日

Ⅰ．視点・目的

◇京都盆地東縁の一部には、東山を
集水域とする白川によって形成さ
れた扇状地（沖積錐）が発達する。

◇白川扇状地と呼ばれており、当地
には六勝寺跡をはじめとした遺跡
が存在する。

法勝寺八角九重塔
京都市埋蔵文化財研究所・
京都市考古資料館（2011）

図 2-2　パワーポイントのスライドの作成事例（一部）
小野（2020）の内容をもとに作成．挿入図には京都市埋蔵文化財研究所・京都市考古資料館（2011）を用いた．

レジュメには章や節を設けて、文章を記述するのが望ましい。題目や章構成は、卒論が完成に近づくにしたがって修正されるはずなので、発表の度に変更しても構わない。発表に対して教員が気にするのは、「その研究が卒論として成立するのか」という点である。したがって、発表者は研究の全体像や、研究の実現の可能性について、丁寧に説明してほしい。

レジュメは、パワーポイント資料とは別の性格を有するので、文章で記すのが適当である。また、レジュメに記載する情報は、基本的に積み重ね式であり、先回の発表で示した情報についても、質疑応答で問題となった点などを加筆修正したうえで載せてもらいたい。要するに、各発表回の内容だけを記述するというのは避けてほしい。しかし、発表時間は限られているのでレジュメに記載されたすべての事項を発表するのは困難である。レジュメには発表者が持ち合わせているすべての情報を載せるが、口頭で説明する際には全体像を端的に説明して、前回までの発表内容の改善点を示すとともに「今回の発表ではこの部分について特に言及します」といったように、内容を絞って提示する必要がある。そのようにすれば、教員を含めた聞き手は、研究の進展具合を正確に把握することができる。また、以上の方法でレジュメを作成しておけば、それが卒論の原型となり、卒論の執筆が比較的容易になる。

パワーポイントについては、聞き手の理解を深めるツールとして捉えてほしい。基本はレジュメを使って発表を行うが、図や写真を効果的に使うことによって、聴衆は内容を良く理解できる（図2-2）。パワーポイントで資料を作成する際には、文字のサイズを可能な限り大きくするのが良い（目安としては25ポイント以上）。また、情報量の多い表の提示は避けて図で示すのが望ましい。

5.　教員との連絡方法

卒論を執筆するうえで、ゼミ以外の時間に教員のアドバイスを求める必要も出てくるであろう。その場合は、ためらわずにゼミが終わった後などに教員に相談すれば良い。ある程度の時間を必要とする相談の際には、事前に教員にメールを送ってアポイントメントを取る必要がある。教員にメールを送る場合は、必ず件名・宛名・差出人を記してほしい（図2-3）。一般社会では、それらが未記入のメールは、「迷惑メール」という扱いになってしまうので注意しよう。

教員に相談する際には、「何をやったらいいですか」という態度で臨むのではなく、ある程度具体的な質問内容を提示するのが良い。卒論を進めるうえで何か悩んでいるのであれば、自

件名　卒論発表の相談について

鈴木花子先生
　こんにちは。地理学演習を受講している佐藤一郎です。
　再来週（6月23日）のゼミ発表の前に、発表内容についての相談を希望します。
　つきましては来週のオフィスアワーの時間（6月12日の13:00-14:30）に30分ほど相談にのっていただけますでしょうか。当日は〇〇と△△についてお聞きしたいと考えています。現時点で用意した相談用のメモと資料を添付いたします。
　ご都合を連絡いただければ幸いです。
　佐藤一郎

図2-3　教員へのメールの事例

分が何を悩んでいるのかをしっかりと考える必要がある。そして、自分が教員に対して何が聞きたいのかを整理してから面談に臨んでほしい。面談前の準備に費やす時間を惜しまずに、きちんと自分の聞きたいことを教員に伝える努力をすることが、的確な指導を受けるための近道である。事前に論点を整理したメモを作成して、教員に連絡しておけば、充実した面談になる可能性が高い。

【参考文献・引用文献】

小野映介 2020. 京都盆地東縁，白川扇状地における更新世末以降の堆積環境の変遷. 立命館文學666：1497-1485.

京都市埋蔵文化財研究所・京都市考古資料館 2011. まぼろしの八角九重塔を復元する－法勝寺塔跡の発掘によせて. リーフレット京都270.

第3章　学術論文とは

第1部　卒論とは何か

- ➤ 学術論文とは、研究によって発見された「新たな知見」を伝えるための媒体である。
- ➤ 学術論文による「新たな知見」の提示方法は、ルールに基づいている。
- ➤ 「新しい」ことを主張するには、従来の研究よりも新しいものであると説明しなくてはならない。
- ➤ 学術論文は、誰が読んでも書き手の意図が誤解なく伝わるように書かれることが理想的である。
- ➤ 誰が読んでも内容を同じように理解できるよう、学術論文には決まった「型」がある。

1.　学術論文と「新たな知見」

　学術論文とは、研究によって発見された「新たな知見」を伝えるための媒体である。研究上の発見というと「最新」というイメージがあるが、必ずしもそうではない。例えば、刻々と変化する国際情勢や自然災害については、新聞やテレビでの報道の方が学術論文よりも新しい情報を発信していることが多い。また、新しい知見の提示も学術論文の専売特許ではない。緻密な取材に基づいたドキュメンタリーやルポルタージュが新たな見方を提示し、社会に大きな影響を与えることもある。また、テレビ番組の企画で行った調査において歴史的発見がなされることもある。

　それでは学術論文が提示する新たな知見は、これらとは何が異なるのだろうか。それは、学術論文が提示する新たな知見はルールに基づいているということである。

　ルールというと難しく映ってしまうが、逆にルールさえ学んでおけば誰でも書くことができるのが学術論文である。小説を執筆したり、映画の脚本を書いたりして評価されるには、独創的な才能が求められるので、学術論文を執筆するよりも難しいかもしれない。卒論も学術論文に準ずるものである。したがって、学術論文の作法が適用される。本章では、卒論において新たな知見を伝えるための方法を確認する。

2.　「新しい」ことを伝える方法

　それでは、研究で得られた知見が新しいことをどのように読者に伝えればよいのだろうか。まずは図3-1を見てほしい。これは、愛知県名古屋市の都心部に位置する中区の人口推移を表した図である。この図から、1960年から1980年にかけて人口が減少していることや、1995年以降に人口が増加していることが読み取れる。また図3-2は、イギリス西部のブリストル海峡に面したウエストン・スー

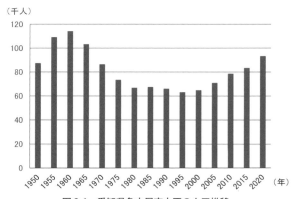

図 3-1　愛知県名古屋市中区の人口推移

図3-2　ウエストン・スーパー・メアにおける海岸の干潮時の様子

パー・メアという町の干潮時の海岸を撮影したものである。この図からは、船が係留されている付近の海底が露出するほど干満差が大きいことが読み取れる。

　このように読み取った事象を新しい発見だと思ったとする。その際、どのように読者に新しさを伝えれば良いのだろうか。

　学術論文では「これは新しい」と闇雲に訴えてもダメである。「新しい」ことを主張するには、従来の研究よりも新しいものであると説明しなくてはならない。これは大事なルールの一つであることを知ってほしい。

　卒論に取り組む過程で、指導教員に「これまでの研究をもっと調べなさい」と言われることがあると思う。研究を進めるうえで、どんなに興味深い発見があったと思っても、そのことについて、これまでどのような研究が、どのような知見を示してきたのかを整理していないと、卒論で新しさを主張することはできない。

3.　学問の文脈を踏まえて－既存研究を整理することの重要性

　これまで積み重ねられてきた研究について、ここでは「既存研究」と表す。既存研究は、論文によっては先行研究や従来研究、既往研究などと表すこともあるが同じ意味である。

　簡単にこれまでの研究といっても膨大な数に上ることが多い。すべての既存研究と自分の研究とを比較することは、ほぼ不可能である。そのため、論文を厳選して筋道をつけて整理し、発見したことの新しさが分かりやすいように紹介するのが一般的である。

　とは言っても膨大な論文の中から必要な論文を厳選したり、筋道をつけて整理したりするのは容易ではない。その際に手掛かりとなるのが「学問分野」である。学問には多様な分野がある。同じ研究対象でも、分野が異なるとアプローチの方法も異なる。例えば、上述した人口の変化や干満差のメカニズムといった、ある事柄を解明することを人類未踏の山への登頂とイメージしてほしい。地理学、社会学、海洋学といった分野ごとに、山頂へのアプローチの方法は異なる。勾配が険しい道を開拓する場合もあれば、美しい景色が堪能できる道を進む場合もある。ヘリコプターで接近することもできるだろう。

　膨大な論文ではあるが、よく読んでみると、分野ごとに大別することができる。地理学の論文であれば、地理学がこれまで切り開いてきた道、すなわち「学史」が整理されている。もちろん地理学の論文だからといって、地理学の既存研究だけが整理されているわけではない。実際に研究を進めると、地理学におけるこれまでの研究を進展させるために、他分野の研究が参照されることもある。むしろそのような論文の方が多いかもしれない。

　論文を読む際は、特定の分野にこだわらず、幅広く目を通すことが重要である。しかし、最初は膨大な情報に埋もれてしまいがちである。そのため、自分の研究がどの分野に依拠するのかを意識して読み進めていくことをお薦めしたい。参考までに、マシューズ・ハーバート（2015）による地理学の教科書で紹介されている、人文地理学と自然地理学の各分野と関連分野の例を挙げておく（図3-3，図3-4）。

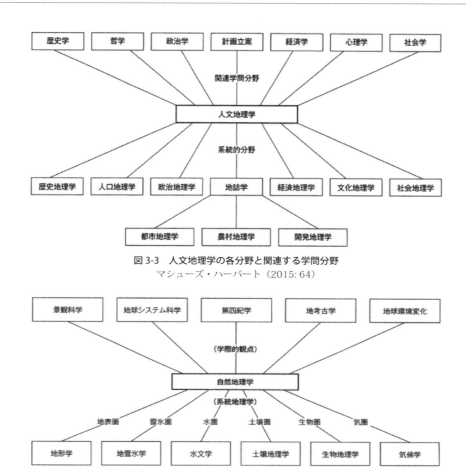

図 3-3　人文地理学の各分野と関連する学問分野
マシューズ・ハーバート（2015: 64）

図 3-4　自然地理学の各分野と関連する学問分野
マシューズ・ハーバート（2015: 45）

4.「問い」と「回答」

　学術論文は、誰が読んでも書き手の意図が誤解なく伝わるように書かれることが理想的である。同じ論文を読んだのに、ある読み手にはAが新たな知見と映り、別の読み手にはBが新たな知見と映ってはいけない。

　誰が読んでも内容を同じように理解できるよう、学術論文には決まった「型」があるということを知っておいてほしい。学術論文を何本か読んだ経験のある学生は、どれも構成が似通っていると感じたことはないだろうか。ここでは、学術論文の最も基本的な型を確認する。学術論文では、冒頭で「問いかけ」（テーマの提示）が行われ、終盤で「回答」するかたちになっている。

　上述の回答とは、本章で繰り返し触れてきた新たな知見に相当する。ここでは、得られた事実や考察がどれだけ新しくて重要な知見であるのかが述べられる。それに対して問いかけは、この回答に対応する質問だと思ってほしい。例えば、新たな知見として都心部の人口増加を主張したいのであれば、論文の前半でそれに対応する質問が投げかけられることになる。「都心部の人口推移にどのような特徴があるのか」といった問いかけが考えられよう。同様に干満差の大きさを主張したいのであれば、「ブリテン島西岸における干満差にどのような特徴がある

のか」といった問いかけが提示できよう。

　上記のように学術論文の中で問いが明示されていることもあるが、研究の目的の中で「○○について論じる」、「△△について考察する」といったようなかたちで暗示されているケースもある。手元の論文ではどのような問い（テーマ）が、どのように提示されているのか確認してほしい。なお、地理学の中でも人文現象や、それに関わる自然現象を扱った学術論文では問いは既存研究の成果に限らず、社会問題をもとに導出されることが多い。

　学術論文の詳細な構成については、第11章で確認するので参照してほしい。

5.「回答」と根拠

　新たな知見を主張することは、学術論文の肝である。前節ではそのことを「回答」と表現したが、この回答はやみくもに示すことはできない。回答は必ず根拠に基づいていなければならない。例えば「名古屋市中区における人口の増加は、都心部の人口動態に関する新しい発見である」や「ウエストン・スーパー・メアにおける干満差はブリテン島西岸の中でも際立っており、これは新たな知見である」といった回答があったとする。これは図3-1や図3-2で示した事実があって初めて主張できる。回答は必ず「分析結果」のような事実を基にした根拠に裏付けられている必要がある。

　地理学では、この根拠にあたるのが屋内外で自らの手で集めたデータ（一次資料）や、他者が加工したデータ（二次資料）を分析した結果である。一次資料の例としては、インタビュー調査やボーリング調査（図3-5）といったフィールドワークで得られたデータや、政府統計や空中写真、絵図などの歴史史料を挙げることができる。二次資料の例としては、催し物の記録集や図録集、地質調査の報告書などが挙げられる。

　たいていの研究は、一次資料と二次資料を併用している。地理学の学術論文を手に取ってみて、どのような資料からどのような分析結果が導き出され、さらにその結果からどのような「回答」が行われているのかを調べてみてほしい。問いと回答の構造を理解して身につけることは、優れた卒論を執筆するための第一歩である。

図3-5　地質調査の様子
ハンドボーリングによってオリジナルな地質データを得る.

【参考文献・引用文献】
マシューズ，J. A.，ハーバート，D. T. 著，森島　済・赤坂郁美・羽田麻美・両角政彦訳 2015. 『地理学のすすめ』丸善出版． Matthews, J. A. and Herbert, D. T. 2008. *Geography: A very short introduction*. New York: Oxford University Press.

第4章　様々な学術論文

➤ 査読誌では、論文の内容を複数名の専門家がチェックしているので、質的な保証がなされ、完成度の高い論文が掲載される。

➤ 卒論では既存研究を整理して、そこに残された課題を指摘したうえで、課題を解明すべく研究に取り組み、それによって得られた結果と既存研究との比較・考察を行う。

1. 玉石混交

　ここでは「学術論文」といっても、様々なものがあることを確認したい。第5章で詳述するが、卒論では的確な既存研究を見つけて、自分の研究を学問の潮流に位置づけるという作業を行ったり、自分の調査結果を他の研究事例と比較して考察したりする必要がある。その際、自分が引用する論文がどのような過程を経て公表されているのかを知っておくことは、無駄ではない。むしろ、それを良く理解したうえで論文に接してほしい。

　学術論文には、大量のデータに基づく緻密な考察がなされているものや、特に重要なデータや新規性のあるデータの提示を目的としたもの、既存研究の動向を踏まえてその問題点や今後の展開を論じた総説的なものなどがある。また、論文の論理展開がスムーズなものがある一方で、そこに問題を抱えたものもある。非常に美しい文体のものもあれば、文章表現に難があるものもある。さらに、貴重なデータが示されているものがあれば、ぱっとみただけでもデータに不備があるものも存在する。

　卒論執筆の準備段階にあたる「文献講読」のような科目では、要約する論文を自分で選ぶ必要があるが、論文といっても玉石混交であり、論文の中身を吟味しないままに適当に選ぶと、無駄な作業をすることになってしまう。そうならないためにも、「質的な保証」がなされている雑誌から論文を選ぶことを勧める。

2. ピア・レヴュー

　なぜ、このように玉石混交なのか。そのおもな理由は、学術論文としてピア・レヴュー（peer review）を受けているかどうかに起因する場合が多い。ピア・レヴューとは、専門家仲間（友達ではなく、第三者）が研究内容を吟味することであり、いわゆる「査読」である。研究者などの間で、論文の出来不出来を情実なしに公正に評価するために行われる。

　地理学関係の雑誌には、このピア・レヴューを受けた論文を掲載するものと、そうでないものがあり、前者が査読誌、後者は紀要などと呼ばれる。ピア・レヴューを行っている代表的な日本の雑誌としては『地理学評論』『人文地理』などがある（表4-1）。

　これらの雑誌では、複数の編集委員からなる編集委員会が、数名の査読者を選定して投稿された論文の閲読が行われる。その審査結果はスコアシートにまとめられ、それをもとに編集委員会で論文内容の審査が実施される。論文に問題が無ければ、受理・掲載となるわけだが、一般的には論文に手直しを求められることが多く、論文の投稿から掲載までには一年程度を要する場合もある。また、査読者や編集委員会から掲載に値しないと判断された論文はリジェクト

表4-1　地理学関連のおもな雑誌一覧

学会名称	会誌	学会名称	会誌
日本地理学会	地理学評論	東京地学協会	地学雑誌
	Geographical Review Series B	地理情報システム学会	GIS-理論と応用
	E-journal GEO	日本地形学連合	地形
人文地理学会	人文地理	日本第四紀学会	第四紀研究
東北地理学会	季刊地理学（旧称東北地理）	日本気象学会	天気
地理科学学会	地理科学	水文・水資源学会	水文・水資源学会誌
経済地理学会	経済地理学年報	水資源・環境学会	水資源・環境研究
歴史地理学会	歴史地理学	日本観光研究学会	観光研究
日本地理教育学会	新地理	観光学術学会	観光学評論

（不受理）となってしまう。このように査読誌では、論文の内容を複数名の専門家がチェックしているので、質的な保証がなされ、それなりに完成度の高い論文が掲載される。

　一方、紀要は各大学で刊行している場合が多い。もちろん、紀要の中にもデータや考察が充実した論文は存在するが、チェック機能が十分に働いていない場合があり、データや論理展開に誤りが散見されるものもあるので注意が必要である。

　ところで、インターネットで論文を検索すると「○○論文集」というカテゴリーが頻出する。その多くは、学会の発表要旨であり、ピア・レヴューを受けていないものが大半である。これらの「論文」はデータとしては意味があり、興味深いものも多いので、卒論で自分のデータとの比較対象として用いるのは構わない。しかし文献講読で取り上げるのはあまり適切ではない。いずれも、これから中身を揉んで論文になっていく途中段階の「試作品」だからである。

3．論文の形態

　雑誌（図4-1）の表紙をみると「論説」「短報」「研究ノート」「資料」「展望」「総説」など様々なカテゴリーがあることが分かる。これらのうち論説・短報・研究ノート・資料には、筆者のオリジナルのデータや分析に基づく「新しい知見」が提示されている。

図 4-1　様々な学術雑誌

　日本の地理学を代表する学術雑誌である『地理学評論』の原稿執筆要領によると、「論説は、その長短・形式にかかわらず、オリジナルな調査研究の成果とする。」とあり、「短報は、論説または総説になり得る情報を含む速報や新しい手法の提案、新しい事実や掲載に値する知見などとする。」となっており、両者にそれほどの違いはない。また、「資料は、調査・記録・統計などに基づいた、資料的に価値のある情報とする。」となっており、論説や短報になる手前の段階という位置づけである。一方、「総説は、既存の研究成果の検討、研究史、研究動向、将来への展望などとする。」と記載されており、論説・短報・資料とは性格が異なることが分かる。卒論では、総説を取り上げることは少ないかもしれないが、既存研究のまとめ方の参考として一読を勧める。

【参考文献・引用文献】

日本地理学会 2020. 地理学評論原稿執筆要領. https://www.ajg.or.jp/wp-content/uploads/2020/08/200820. youryou_hyouron.pdf （最終閲覧日：2023年12月16日）

第5章　既存研究の探し方

> ➤ 地理学において論文の内容を決める際には、研究テーマが先にあって、それに取り組むのに最も適した対象地域を選ぶというのが王道である。
> ➤ ある程度、既存研究を整理していくと、この研究テーマであれば、この論文は確実に抑えておかなければならないという「マスト論文」に出会うことができる。
> ➤ 卒論の執筆にあたって読むべき論文は数十本であり、その中から厳選した十数本について卒論で言及するというのが相場である。

1.　困難だが極めて重要な作業

　前章で述べたように卒論を執筆するうえで、自分の研究がこれまでに蓄積された研究の流れの中で、どのような位置づけにあるのかを明確にする必要がある。そのためには「既存研究（雑誌論文・学術書〈研究書や専門書ともいう〉などの文献）」を探す必要がある。的確な既存研究を見つけて、自分の研究を学問の潮流に位置づけるという作業は、卒論執筆の過程において最も難しい作業の一つである。しかし既存研究を整理して、そこに残された課題を指摘したうえで、課題を解明すべく研究に取り組み、それによって得られた結果と既存研究との比較・考察を行う。この一連の流れを通して、学問に新たな息吹を吹き込むことができれば、研究の素晴らしさや奥深さを感じることができるであろう。

　卒論は、学術論文を書きなれていない学生が限られた時間で執筆することになるので、上記の流れを完全に成立させることは難しいかもしれない。ただし、初めからあきらめていては何も始まらない。既存研究をしっかりと抑えること（「レヴュー」という）は、2年生次や3年生次に執筆する実習の調査レポートとはもっとも異なる点であり、また卒論の完成度を高める重要な作業であるということを心に刻んでおいてほしい。

2.　既存研究を探すということ

　「卒論で扱う研究に関連した既存研究を探してきてください」という教員からの課題に対して、「そういうものはありませんでした」と答える学生が毎年一定数存在する。そのような答えとなった理由としては、おもに3つの要因が考えられる。

①研究する価値が無いテーマなので、それまで研究が実施されてこなかった。したがって既存研究が存在しない。

②研究する価値は大いにあるが、取り組みが困難なため実施されてこなかった。そのために既存研究が存在しない。

③既存研究の探し方が適切ではなかった。

　①と②については、卒論で扱うのはあまり適当ではないので別のテーマを探す必要がある。③の場合は、ドンピシャのものを求めるがゆえに、検索の範囲が狭すぎたことに起因する。最初は研究テーマについて、抽象的であっても構わないので、ある程度の幅を持たせて既存研究を探すのが良いだろう。

　地理学において論文の内容を決める際には、研究テーマが先にあって、それに取り組むのに最も適した対象地域を選ぶというのが王道である。したがって、自分の興味のあるテーマについて広く既存研究を探すのが第一歩である。その際、最初から「地理学」の研究に限定する必要はない。地理学は、他の学問分野と広くつながっており、他分野との境界は極めて曖昧だからである。そして「広く浅く」既存研究を抑えたら、徐々にキーワードを加えて、焦点を絞っていくのが良いだろう。

　ある程度、既存研究を整理していくと、この研究テーマであれば、この論文は確実に抑えておかなければならないという「マスト論文」が出てくる。卒論では、そうしたマスト論文を既存研究に挙げてあるかどうかが評価の対象となる。

3. インターネットを活用する

　1990年代までは、既存研究の取りまとめには膨大な時間を要した。図書館に所蔵された大量の資料の中から、自分の研究に関連した文献を探し出す必要があったからである。しかし、現在ではインターネットを活用することによって、比較的容易に既存研究へアクセスできるようになった。その一方で、膨大かつ玉石混交の情報の中から、質の高い情報を引き出す能力が求められるようになった。

　一般的にインターネットで物事を検索する場合には、GoogleやYahoo！の検索機能を用いることが多いと思う。それらは確かに便利ではあるが情報量が過多で、また不正確な情報も含まれていることから、既存研究の検索に用いるのはあまり適切とは言えない。

　既存研究の整理に有効なのは、Google Scholar（図5-1）や CiNii Research である。特に前者は、検索画面に「巨人の肩の上に立つ」と記されているように、それまで個人で収集するには困難であった大量かつ必要な情報が短時間で簡単に得られる。ここではキーワード検索を行うことになるのだが、その際には上述したように、最初からキーワードを絞り込みすぎないように注意が必要である。一方、大量の情報の中から厳選して、各研究の最新動向を知るには「期間指定」によって、文献の発表年を制限することが有効である。

　検索システムを用いて気になる文献が見つかったら、実際に読んでみよう。PDFで読めるものもあれば、図書館に行かなければ読めないものもある。簡単に手に入るものだけにこだわっていると、どうしても収集文献に偏りが出てしまう。ここは手間を惜しまずに、貪欲に文献を収集するように心がけよう。必要な文献が所属する大学に所蔵されていない場合は、取り寄せ手続きを踏むことによって、他の図書館から手に入れることができるので、所属大学の図書館の案内を確認するのが良い。

　集めた文献の読み方であるが、すべての文献を熟読する必要はなく、いわゆる斜め読みで構

図 5-1　Google Scholar の検索画面
https://scholar.google.com/

わない。斜め読みのコツは、文献の題目、要旨（摘要）、章構成、まとめに注目して、概要を
つかむことである。文献を多読すると、各文献がどの程度の学術的価値を有するのかを理解
できるようになる。また必要な文献が集まり始めたら、「文献リスト」を作成することを勧め
る。文献をカテゴリー別や時系列で整理してみると、おおよその研究史を理解することができ
る。また、この作業を行うことにより、卒論の研究目的を明確化することができる。

4.　論文を読んで論文を探す－芋づる式検索法

　ある程度、論文検索が進んでテーマが絞られてくると、どの論文にも引用されている文献の
存在に気付くことだろう。それが、上記したマスト論文である。この論文にたどり着いた時点
で、既存研究の整理はかなり上手くいっていると判断しても良い。このマスト論文については、
熟読して論文構成や結果の提示方法、考察の仕方などをしっかりと理解してほしい。また、学
術的に質の高い論文には、多くの良質な文献が引用されている。このように芋づる式に文献を
探すことにより、重要な文献を得る機会が増す。すなわち、質の高い文献を手に入れることが、
既存研究の整理における近道となるのである。

　ここで重要なのは、既存研究の整理には時間がかかるという認識を持つことである。ゼミ発
表の数日前にまとめようとしても無理である。分野にもよるが、卒論の執筆にあたって読むべ
き論文は数十本であり、その中から厳選した十数本について卒論で言及するというのが相場で
あろう。

　先にも述べたように、既存研究が見つからないという場合には、研究のテーマ設定がおかし
いか、検索の方法が誤っているなど、どこかに問題を抱えているはずである。自分がこれから
行おうとしている研究のテーマと対象地域が一致もしくは極めて近い既存研究に遭遇する可能
性は、それほど高くない。むしろ、そういった研究があるのであれば、既に「手垢がついてい
る」ので、卒論で扱うのは適切ではない（ただし、その既存研究の刊行年が古く、新たな手法
で結果を追証し、新たな考察を加えるということであれば、卒論としては成立する）。例えば、研究のテーマは似ているが、対象地域が異なるという理由だけで既存研究から除外していないだろうか。検索キーワードを絞り込みすぎていないだろうか。逆説的に言えば、そうした確認をしても既存研究が探し出せないということであれば、研究テーマをもう少し広げる必要がある。

　上記したインターネットによる文献検索は、必要な情報に直結できるという利点を有するが、研究に厚みを持たせるためには、自分が行おうとする研究の潮流をしっかりと抑える必要がある。その際に勧めたいのは、学術書を読むということである（図5-2）。学術書とは、研究者が蓄積した情報を学問の作法にのっとって、体系化して執筆したものである。したがって、ビジネス書やハウツー本とは根本的に異なる。学問の奥深さに触れるためにも、卒論の執筆時には研究テーマに関連した学術書を数冊は読んでほし

図5-2　学術書の事例
堀（2020）．いわゆる一般書とは異なり、
著者の研究内容を専門的にまとめたもの
である．

い。卒論に関連した的確な既存研究のレヴューができていれば、自ずと読むべき学術書は決まってくる。また、学術書の最後には文献リストが掲載されているので、これまでに取りこぼした文献を補うこともできる。なお、学術書はアマゾン（Amazon）などオンラインで購入することができるが、高価な場合が多いので、図書館で借りて読むことをお勧めする。

　開架型の図書館では、インターネットの検索とは異なり、思いがけず重要な文献に接する機会が得られることもある。自分の研究テーマに関連しそうな本棚を眺めていると、意外に重要な文献に出会うこともあるので、ぜひとも図書館を活用してほしい。

【参考文献・引用文献】

堀　健彦 2020．『古代中世における領域編成と空間的思考－歴史地理学からみた日本』知泉書館．

第6章　アカデミック・ライティングとは

➤読者の解釈が無ければ内容が伝わらない文章や、行間を読ませる文章は、卒論として適切ではない。

➤卒論では、誰がどのように読んでも同一の解釈になる文体であることが求められる。

➤卒論では、主語に「私」、「僕」、「I」といった1人称単数形を使用しないことが慣例となっている。

➤卒論などの学術論文を書く際は、主語と述語との関係を強く意識する必要がある。

1.「小説」と「学術論文」の違い

> 　国境の長いトンネルを抜けると雪国であった。夜の底が白くなった。信号所に汽車が止まった。

　これは、1937年に刊行された川端康成の小説『雪国』の冒頭である。この有名な一文は太平洋側と日本海側との気候の違いを端的に表しており、印象に残りやすい。読者は、列車がトンネルを通過した後の情景を描いていることや、このトンネルが群馬県と新潟県の県境をまたいでいることを頭の中で補いながら、様々な感情を抱くことになる。それによって、最低限の文章で内容が伝わるとともに、人によって様々な解釈が成り立つのである。

　しかし学術論文においては、このような文章表現は適切ではない。読者の解釈が無ければ内容が伝わらない文章や、行間を読ませる文章は、学術論文として適切ではない。学術論文は、必要な情報をきちんと提示して、誰がどのように読んでも同一の解釈ができる文体で記されなければならない。

　卒論などの学術論文や授業で課せられるレポートには、「である調」で書くことや引用元の出典を示すなど、文章の書き方に一定の作法がある。学術的な文章における書き方の作法は一般にアカデミック・ライティングと呼ばれる。本章ではアカデミック・ライティングの基礎を確認する。

2. 卒論の文体

　日本語の文章の文体には、「です・ます調」である敬体と「である調」といった常体で書かれているものがある。「です・ます調」の方が読み手に丁寧な印象を与える一方で、冗長でやや説得力に欠ける文章になりやすい。他方で、「である調」は読み手にかたい印象を与える一方で、簡潔に伝わる説得力のある文章になりやすい。

　図6-1は福岡県田川郡香春町にある香春岳を撮影した写真である。次の2つの文章は、この香春岳について、それぞれ敬体と常体で説明したものである。2つの文章の印象の違いを感じとってほしい。

図 6-1　香春岳（福岡県田川郡香春町）

＜敬体＞

香春岳は3つの峰からなる山で、手前から一ノ岳、二ノ岳、三ノ岳と呼ばれています。この山はセメントの原料である石灰岩でできています。1930年代にセメント工場が立地してから、石灰石の採掘が進みました。独特な山頂のかたちをしている一ノ岳は、採石にともない高さが半分程度になりました。

＜常体＞

香春岳は3つの峰からなる山で、手前から一ノ岳、二ノ岳、三ノ岳と呼ばれている。この山はセメントの原料である石灰岩でできている。1930年代にセメント工場が立地してから、石灰石の採掘が進んだ。独特な山頂のかたちをしている一ノ岳は、採石にともない高さが半分程度になった。

　学術的な文章で大切なのは、丁寧な印象や味わいではなく、内容や言いたいことが正確に伝わることである。そのため、学術論文では、下の例文のように常体である、いわゆる「である調」を用いるのが一般的である。卒論も同様である。特別な指示がない限り、「である調」を用いるようにしよう。

3.　人称の使い方

　第3章において、学術論文は新たな知見を伝えるための媒体であり、新たな知見を主張する際には根拠の提示が求められることを確認した。新たな知見に限らず、学術論文の中で自分の考えや主張を述べる際には、既存の論文を引用したり、自分で収集したデータや資料を用いたり、実験結果を用いたりして、主張や考えが客観的な根拠に基づいている必要がある。繰り返しになるが、学術論文は根拠のない主観や見解を述べる場ではない。そのため、学術論文では、主語に「私」、「僕」、「I」といった1人称単数形を使用しないことが慣例となっている。どうしても自分自身を主語にしたいときは、学術論文では、「本稿は」、「本研究は」、「筆者は」といったかたちで表現する。

4. 表現の基礎①－主語の有無

　ここからは、内容を正確に伝えるための文章表現の基礎を確認する。第1節でも述べたように、学術論文では、誰がどのように読んでも同一の解釈になる文体であることが求められる。逆にいえば、読み手によって解釈が分かれるような文や、意味が読み取りくい文にならないように気をつけなければならない。つまり、一つひとつの文に曖昧さがあってはならない。

　ここではアカデミック・ライティングに慣れない時におちいりがちな、①主語の脱落、②不明瞭な主語－述語関係、③複数の意味に取れる文章といった3つの問題を挙げる。

　はじめに、主語の脱落について確認してみよう。次の文章を読んでほしい。

> 　日本の政治・経済の中心地である東京は、名古屋や大阪とともに東海道メガロポリスを構成している。アメリカのボスウォッシュに匹敵する長大な都市群となっている。

　注目してほしいのは二つ目の文である。この文には主語が書かれていない。この文の主語は、メガロポリスの意味を知っている人が読めば、「東海道メガロポリス」と想定して、それが省略されていると考えるだろう。しかし、読み方によっては「東京は」が主語であり、それが省略されているとも考えることができる。すなわち、二つ目の文は曖昧さを抱えているのである。上述したように学術論文は誰が読んでも同一の解釈となる必要がある。したがって、このままでは問題がある。

　次のように、この文章の二つ目の文に「東海道メガロポリスは、」という主語を挿入すると、その曖昧さは解消される。

> 　日本の政治・経済の中心地である東京は、名古屋や大阪とともに東海道メガロポリスを構成している。東海道メガロポリスは、アメリカのボスウォッシュに匹敵する長大な都市群となっている。

　日本語の文章では、主語がなくても主語と述語の関係が明瞭な場合は、主語が省略されることがある。しかし、卒論では主語を省略せずに文章を書くことをお勧めする。

5. 表現の基礎②－主語と述語の関係

　続いて、主語と述語の関係についてみていく。日本語を母語とする学生の大半は、英文を読んだり、英作文をしたりする際には、どれが主語でどれが述語かを多少なりとも意識するのではないだろうか。しかし通常、日本語で文章を読んだり、文章を書いたりする際には、英語ほど主語や述語を意識しないと思う。ただし、卒論などの学術論文を書く際は、主語と述語との関係を強く意識する必要がある。

　まずは、次の文章を読んでほしい。

> 　松本市の市街地は複合扇状地の扇端部に位置しており、豊富にみられる湧水を水道水にも利用している。

　ここで確認したいのは、「利用している」の主語である。主語を探してもなかなか見つからないことに気がつくだろう。強いてあげるとすれば、主語は「市街地は」である。しかし、市

街地は水を利用する主体にはならない。つまり、この文章は主語と述語とが対応していない。このような主語の欠如は、例えば次に示す文章のように、「利用している」を「利用されている」と受動態に変更して、後半部分を「湧水」を主語とした文にすると解消する。

> 松本市の市街地は複合扇状地の扇端部に位置しており、豊富にみられる湧水は水道水にも利用されている。

このように、一見すると問題がないような文章でも、主語と述語とが対応していないことがある。文章を書いている時や書き終えた時には、主語の有無とともに、主語と述語との対応を確認する必要がある。このような問題は、特に一文が長いときに生じやすい。一文が長くなった場合は、複数の文に分けられるかを確認し、短く簡潔な文になるよう心がけることも重要である。基本的に一文が3行以上になる場合は「悪文」である。

6.　表現の基礎③－複数の意味に取られない文章

ここでは、複数の意味に取ることができてしまう文章について確認する。次の文を読んでほしい。

> 新潟砂丘は猿ヶ森砂丘のように大規模なリゾート開発は行われていない。

この文は二つの意味に解釈することができる。①新潟砂丘は、猿ヶ森砂丘と同じく大規模なリゾート開発は行われていないという意味、②新潟砂丘は、猿ヶ森砂丘で行われているようなリゾート開発は行われていないという意味。このような問題は、適切な位置に読点「、」を打つことで、ある程度解消される。①の意味であるのならば、以下のように「猿ヶ森砂丘のように」の後ろに読点を打つべきである。

> 新潟砂丘は猿ヶ森砂丘のように、大規模なリゾート開発は行われていない。

他方で「新潟砂丘は」の後ろに読点を打つと、②の意味となる。さらに「猿ヶ森砂丘のように」の後ろに「は」を挿入するとより明瞭になる。

> 新潟砂丘は、猿ヶ森砂丘のように大規模なリゾート開発は行われていない。

繰り返しになるが、卒論では内容を正確に伝えることが大事である。文章を書く際には、常に主語の有無、主語と述語との関係、複数の意味に取られないかの3点を確認する習慣をつけてほしい。特に卒論の提出前には、それらを注意深くチェックしよう。

【参考文献・引用文献】

川端康成 2022.『雪国』新潮社.

第7章　文献の引用方法

➤ どこが自分で考えたオリジナルの内容の文章で、どこが論文や本を参考にした文章なのか
　が明確に分かるようにする。
➤ 引用の方法は、直接引用と間接引用とに大別される。
➤ 直接引用とは、他の人の文章や言葉をそのままかたちを変えずに引用することである。
➤ 直接引用した際は、引用した箇所をカギ括弧にいれるのがルールである。
➤ 間接引用とは、他の人の文章や言葉を自分の言葉で言い換えて引用することである。
➤ 間接引用の場合も、フレーズや文の最後に出典（著者名と出版年）を示し、その箇所が他
　の人の文章や言葉を参考にしたことがわかるようにする必要がある

1. 引用とは

　第3章で「新しい」ことを主張するには、従来の研究より新しいものであると説明しなくて
はならないと述べた。そのためには既存研究の整理が必要であり，論文中では既存研究を的確
に引用する必要がある。また、研究を進めていく中で既刊の報告書や資料の内容を分析するこ
ともある。その際も、そのような報告書や資料を適切に引用する必要がある。

　学術論文において論文や本を引用することは大事なことである。論文や本を全く引用してい
ない学術論文は存在しない。一方で、コピペ（copy and paste）を注意されたことはないだろ
うか。コピペと引用との違いがわからなくて、既存研究の引用をためらってしまうこともある
だろう。

　ここでは引用のルールを学ぶ。引用する際に最も心がけてほしいのは、どこが自分で考えた
オリジナルの内容の文章で、どこが論文や本を参考にした文章なのかが明確に分かるようにす
ることである。別の言い方をすると、論文や本を参考にした箇所については、他の論文や本に
基づいた記述であることと、何を参考にしたのかが分かるようにすることが必要である。

2. 直接引用と間接引用

　引用の方法は直接引用と間接引用とに大別される。直接引用とは他の人の文章や言葉をその
ままかたちを変えずに引用することである。まずは次の文章を読んでほしい。

> 　横浜市でも，1960年代末から，他市のような開発規制としてではなく，「新しい都市づ
> くりを進めるキイ」（田村 1983: 192）として，建造物の保存を開発・再開発手法の中に
> 位置づけてきた。とりわけ，象の鼻地区が位置する都心部では，都市デザイン上の利用価
> 値に基づいて，保存建造物が選定される傾向にある（鈴木 2007: 34）。

平松（2016: 286）

　この文章には直接引用されている箇所があるのが、分かるだろうか。それは、「新しい都市
づくりを進めるキイ」（田村 1983: 192）である。直接引用した際は、引用した箇所をカギ
括弧にいれるのがルールである。さらに、どの文献からの引用かわかるようにカギ括弧の直後

に、括弧に引用元文献の著者の苗字、出版年、そして引用元のページ番号を明記する必要がある。ここでは（田村 1983: 192）がそれにあたる。これにより読者は、「新しい都市づくりを進めるキイ」は筆者の言葉ではなく、引用元の文献（田村 1983）の192ページの言葉であることが分かる。

　もう一つの引用方法である間接引用とは、他の人の文章や言葉を自分の言葉で言い換えて引用することである。そのため、自分の文章の流れを損なわずに引用することができる。上の文章では、「とりわけ」からはじまる二文目の内容が間接引用に該当する。間接引用の場合も、フレーズや文の最後に出典（著者名と出版年）を示し、その箇所が他の人の文章や言葉を参考にしたことがわかるようにする必要がある。文の最後に出典を示す場合は、上の文のように句点（。）を出典の後に打つようにしよう。

　ここでは、二文目の最後に鈴木（2007: 34）とあるため、この文は筆者である平松氏のオリジナルの考えではなく、引用元の鈴木（2007: 34）をもとにした記述であることが分かる。複数の文献を参考にした場合は、（鈴木2007; 山田2010）といったように、その箇所で参考にしたすべての文献を挙げる必要ある。間接引用の際も、参考にした箇所が特定のページの場合は、鈴木（2007: 34）のように、ページ数も示すようにしよう。

　間接引用の際は、自分自身の書いている文章の流れや表現に即すように、元の文章や単語を言い換える必要がある。引用する際は、引用元の一つの段落を参考にするケースから、論文や本全体を参考にするケースまで多様である。間接引用では、参考にしたい箇所が長くても短くても、自分自身の文章の根拠として用いることができる。また、言い換え（パラフレージング）の作業自体も、既存研究を新たに解釈してまとめる行為であり、オリジナリティのある研究活動の一環である。既存研究を整理する際には、直接引用は最低限にとどめ、間接引用を中心に組み立てるようにしよう。

　引用方法にかかわらず、引用した箇所には引用元の著者の苗字と出版年を示さなくてはならない。また、直接引用の場合や、引用箇所が論文や本の特定のページの場合は、ページ数も示す必要がある。さらに文末には引用した文献の書誌情報（著者の姓名や論文のタイトルなどの情報）を挙げる必要がある。書誌情報の示し方は第8章で確認する。

　本書では引用文献や書誌情報の示し方を『地理学評論』のスタイルにならっている。引用箇所に著者の苗字と出版年を示し、文末に詳細な書誌情報を挙げるスタイルは「ハーバード方式」と呼ばれる。他にも、引用箇所に注をつけて、注で書誌情報を示すスタイルもある。『歴史地理学』や2015年までの『人文地理』がそうであった。各大学の卒論執筆要綱を確認してほしい。

3．孫引き

　ところで、「孫引き」を注意された経験はないだろうか。孫引きとは、引用しようと思っている文献において、引用がなされている箇所を引用することである。先に挙げた平松（2016: 286）をもう一度読んでほしい。例えば、「新しい都市づくりを進めるキイ」の箇所を引用することが孫引きに該当する。この箇所を引用したいのであれば、引用元の田村（1983）を読み、そのフレーズがどのような文脈で書かれたのかを確認し、田村（1983）を引用しよう。

　また、間接引用の箇所である「象の鼻地区が位置する都心部では，都市デザイン上の利用価

値に基づいて，保存建造物が選定される傾向にある」を引用することも孫引きにあたる。この箇所は著者が、鈴木（2007:34）の内容を独自に解釈してまとめた内容である。したがって、この箇所を参考にすることは、鈴木（2007:34）の引用ではなく、正確には平松（2016）による鈴木（2007:34）の解釈を参考にしていることになる。この箇所を参考にしたいのであれば、鈴木（2007）を読み、自分自身で内容を解釈した上で引用する必要がある。

4. インターネット上の記事の引用

　続いて、インターネット上の記事の引用について説明する。インターネット上には魅力的な情報がたくさん存在する。しかし、Wikipediaやブログ、SNSなど、Webページ中の記事の引用は極力避けてほしい。

　X（旧Twitter）などのSNSに文章を投稿後、その文章を修正したり削除したりした経験はないだろうか。本や論文など紙媒体の出版物は、内容に間違いや誤植があった場合、修正するのは難しい。そのため、出版前に繰り返し校正（原稿のチェック）が行われている。それでも間違いや誤植があった場合は、訂正情報が出版社のWebページに掲載されたり、本であれば後に修正された版が印刷されたりすることもある。

　印刷済みの本や論文は、文章を変えるのが難しいのに対してインターネット上の記事は、文章を柔軟かつ手軽に更新することができる。これはインターネットのメリットの一つといえよう。しかし、インターネット上の記事は、論文中で自分の主張を裏付ける資料には適さないのである。例えば、インターネット上に「2021年の冬は寒冬だった」という記事を見つけ、それを論文中で引用したとしよう。しかし、元の記事の作成者が寒冬は誤りで平年並みの寒さだったというデータを手に入れたため、記事の内容を「2021年の冬は平年並みの寒さだった」と修正したとする。その後に、論文の読者が引用元の記事を読みたいと思ってアクセスすると、平年並みの寒さだったという内容を目にすることになる。つまり、この記事は、主張を裏付ける資料ではなくなってしまっているのである。

　インターネット上で目にした記事を引用したい場合は、どうすればよいのだろうか。まずは、同じ内容で紙媒体のものがないか探す習慣をつけてほしい。例えば、インターネット上で見たニュースを引用したい場合は、紙媒体の新聞で再度確認し、それを引用するようにしてほしい。紙媒体の新聞は発行後に更新されることはないので、論文の読み手が確実に元の記事を確認することができる。

　また、Wikipediaの内容を引用したい場合もあるだろう。その際は、Wikipediaの記事が引用している文献が下の方に示されているので、元の文献に直接あたり、そちらの文章を引用するようにしよう。逆に引用元が示されていない箇所は、信ぴょう性が低い可能性があると思ってほしい。Wikipediaの引用は修正や削除される可能性があるだけではなく、引用元の情報をしっかりと確認しないと孫引きとなる可能性もあることに注意してほしい。

　どうしても、インターネット上の記事を引用せざるを得ないケースもある。その際は、（2023年1月12日閲覧）といったように、閲覧日の情報も必ず載せるようにしよう。それにより、修正や削除された場合、読み手は引用元を確認することはできないが、その記事に修正日や更新日が記されていれば、論文の筆者が読んだ記事の内容と現在の記事の内容とは違うものであると理解することはできる。

5．剽窃・盗用について

　他の人の文章、図、データ、アイディアなどを自分のものであるかのように発表する行為を剽窃や盗用という。なぜこの行為がいけないのかというと、一つには権利の問題を指摘できる。人の書いた文章や図、写真などは著作権や肖像権といった権利によって守られている。そのため誰の文章や作品であるかを示さないで利用することは、これらの権利を侵害することであり、法律違反となる場合もある。これは論文に限ったことではない。他の人の文章や作品を引用した文章を公に発表する際は、出典を示すのがルールである。

　特に学術論文においては、剽窃や盗用にもう一つ大きな問題がある。第3章で述べたように、学術論文は、研究により発見された「新たな知見」を伝えるものである。そして、その「新しさ」は、従来の研究に対する新しさであることを確認した。「Aという研究は従来のBという研究の上に積み上がるものであり、そのBという研究はさらにその前のCという研究に積み上がるものであり」といったように、最新の研究は、脈々と受け継がれてきた学史のもとに存在する。そしてどのように受け継がれてきたのかは、一本一本の論文がしっかりと引用した文献の出典を示し、また、どこが引用した箇所か分かるように記述してきたから辿ることができるのである。

　剽窃や盗用というのは、この連鎖を断ち切ることを意味している。Dという研究が従来のEという研究の上に積み上がったとする。しかし、後にEに剽窃や盗用があり、Eの信ぴょう性が損なわれたとする。そうするとDという研究も成立しなくなる可能性がある。

　剽窃や盗用がはびこると学術研究が成り立たなくなり、存在自体が脅かされることとなる。そのため、学術論文では剽窃や盗用に対してより厳しい目が向けられる。学術論文に準ずる卒論では剽窃や盗用には十分に注意してほしい。

6．既存研究との付き合い方

　以上、既存研究の引用方法について述べたが、丁寧に既存研究を整理していくと、果たしてそれ以上に自分が調査・研究することがあるのかという不安に駆られる学生も出てくることであろう。そうした不安を抱くことはもっともである。それは学習の成果によって生じるものであり、むしろ健全である。ただし、「既存研究で大概のことが分かっているので、やはりテーマを変えます」という態度には同意できない。なぜなら、研究対象として意味のある大抵の地理学的事象は、既に誰かによって研究されているはずであり、そこから逃げても別の壁にぶち当たるだけだからである。

　では、卒論では既存研究とどのように付き合えばよいのであろうか。繰り返しになるが、3年生次までの地域調査レポートと卒論の違いは、自分の研究がこれまでに蓄積された研究の流れの中で、どのような位置づけにあるのかを明確にする必要があるという点である。したがって、確かに既存研究と全く同じことを行っても意味はない。「全く同じ」とは、既存研究と同じ対象地域で、同じ調査方法で、同じ時期の統計を分析するといった意味である。ただし、そこまで一致させるのはむしろ困難であろう。通常は調査が行われてから論文が学術誌に掲載されるまで1年以上はかかるので、例えば既存文献よりも新しい年次の統計を得ることが可能であろう。新たなデータを用いれば、既存研究との共通性または違いに言及することができ

る。卒論ではその程度の「新規性」を出せれば十分である。または、既存研究と同じ調査方法で、同じ時期の統計を分析したとしても、研究対象地域を変えれば新規性を出せるし、既存研究で扱った地域と自分が新たに扱った地域との比較をすれば新たな知見が得られるかもしれない。少し乱暴な言い方になるが、卒論では「大発見」が求められているわけではない。学問の新規性とは大半は地道に、時にコペルニクス的に見出されるのである。既存研究をしっかりと抑えて、そこにプラスアルファのデータを加え、考察を行うといった手堅い卒論も評価されるべきだと著者らは考える。

【参考文献・引用文献】
鈴木伸治 2007. 近代化遺産と都市デザイン. 都市計画 56: 31-36.
田村　明 1983. 『都市ヨコハマをつくる－実践的まちづくり手法』中央公論社
平松晃一 2016. ヘリテージ創出過程における保存建造物の選択と過去の示され方－「横浜港発祥の地」を事例として. 地理学評論89: 283-302.

第8章　文献の示し方

1. 文中における引用文献の挙げ方

　第7章で文献の引用方法について述べたが、文献の示し方は論文を執筆するうえで非常に重要なので、具体例を挙げながら復習する。

　繰り返しになるが、他の本や論文を参考にした箇所では、そのことを示す必要がある。直接引用の場合は、前章でも確認したように、カギ括弧の直後に、＜「……」（平松（2016: 286）＞といったかたちで、引用元の著者の苗字、出版年、ページ数を示すのが一般的である。あるいは、＜平松（2016: 286）は「……」と指摘している。＞といったように、カギ括弧の前に示すこともある。直接引用では、引用した箇所が明瞭なため、文献の示し方で悩むことはあまりないだろう。

　間接引用の場合も、第7章で、「フレーズや文の最後に出典（著者名と出版年）を示し、その箇所が他の人の文章や言葉を参考にしたことが分かるようにする必要がある」ことを確認した。それでは、複数の本や論文を参考にした場合はどうすればいいのだろうか。また、論文中に、一度に多くの出典が示されている文を目にすることがあるが、これはどういうことなのだろうか。他の人の文章や言葉を参考にした箇所では出典を示す必要があると述べたが、参考にした文献の出典の示し方には様々なものがあるので確認しておく。

　論文中では、以下のように文脈に即して文献を示すルールになっている。

　　近年のNPOやボランティアへの注目の高まりは，阪神・淡路大震災でのNPOやボランティアの活躍が契機というのが通説である（たとえば，雨宮 2002；岩尾 2003；高田 2004）．また，NPOという言葉は，1998年の「特定非営利活動促進法（以下NPO法）」の施行を機に広まりをみせた（雨宮 2002）．そして，1990年代に入り分権化・民営化の流れが進む中，NPOは「協働」や「参加」という言葉とともに，日本でもローカル・ガバナンスのアクターとして政策的・学術的に語られるようになった．

　　こうした状況のもと，日本の地理学でもNPOなどサード・セクターへの注目は高まっており，NPOやNGOへの言及が増えてきている．その中でも，空間的側面からNGOを検討した埴淵の一連の研究（2005a,b,2007）が代表的であろう．また，NPOに関しては，宮澤（2006）が「ガバメントからガバナンスへ」という認識のもと多摩ニュータウンにおけるNPOの可能性について事例を交えて言及している．しかし，NPO自体を研究の対象としたものはほとんどなく，英語圏の地理学のようにNPOの空間的特徴に言及した研究はみられない．

　　他分野のNPO研究に目を向けると，NPOを含めたガバナンスの枠組やNPOの組織運営に

関する研究が行政学や経営学を中心に盛んである．他分野ではNPOの空間的特徴を考察した研究もわずかながらみられる．たとえば，都道府県単位でNPO法人数を集計して分析した福重（2002）や市区単位で集計して分析した西出・埴淵（2005）などがある．特に西出・埴淵（2005）によるナショナル・スケールの分析からは，NPO法人は大都市に多く分布していることが指摘されている．

前田（2008: 426-427）

【引用文献】

雨宮孝子 2002. NPOと法. 山本　啓・雨宮孝子・新川達郎編『NPOと法・行政』28-55. ミネルヴァ書房.

岩尾信也 2003. ガバナンス時代におけるNGO・NPO. 岩崎正洋・佐川泰弘・田中信弘編『政策とガバナンス』145-161. 東海大学出版会.

高田昭彦 2004. 市民・NPOによる「公的空間」の創造－ NPO（「公益」を担う市民活動）の新しい展開. 都市問題 95: 3-34.

西出優子・埴淵知哉 2005. NPOとソーシャル・キャピタル－NPO法人の地域的分布とその規定要因. 山内直人・伊吹英子編 2005. 『日本のソーシャル・キャピタル』5-18. 大阪大学大学院国際公共政策研究科NPO研究情報センター.

埴淵知哉 2005a. 国際的非政府組織における空間組織の編成. 地理学評論 78: 87-112.

埴淵知哉 2005b. 日本におけるNGO間ネットワークの編成. 人文地理 57: 479-498.

埴淵知哉 2007. NGOと「地域」との関わり－日本の地方圏に所在するNGOによる「地域からの国際協力」. 地理学評論 80: 49-69.

福重元嗣 2002. NPO法人数の予測と決定要因の分析. ノンプロフィット・レビュー 2: 187-195.

宮澤　仁 2006. 過渡期にある大都市圏の郊外ニュータウン－多摩ニュータウンを事例に. 経済地理学年報 52: 236-250.

　まずみてもらいたいのは、「また，NPOという言葉は」から始まる文である。この文は最後に「（雨宮 2002）」とあることから分かるように、雨宮（2002）の内容をもとに記述された、間接引用による典型的な文である。

　続いて、最初の文をみてほしい。文末には、「（たとえば、雨宮 2002；岩尾 2003；高田 2004）」とある。これをみると、この文がどの本や論文を参考にしたのかがわからない読者もいるだろう。ここでは阪神・淡路大震災が、日本においてNPOやボランティアのプレゼンスを高める契機になったことが説明されている。この文には出典が示されているように、筆者は、この内容を本や論文での記述を参考に執筆している。ただし、この内容は多くの本や論文で指摘されている点であり、全ての本や論文を挙げると際限がない。そのため、このことが分かるように、異なる分野の文献が代表例として挙げられている。その結果、文末には代表例として複数の出典が示されているのである。また、一例であることがわかるように、出典の前に「たとえば」と表記されているが、これはつけなくてもかまわない。

　最後に「こうした状況のもと」から始まる文をみてほしい。この文の文末には出典が示されていないが、この文も他の本や論文を参考にした文である。この文では、同一著者による3つの論文（埴淵 2005a，埴淵 2005b，埴淵 2007）の内容がまとめて紹介されている。そのた

め、そのことがわかるように、出典が「埴淵の一連の研究（2005a, b, 2007）」と表現されている。

　間接引用の場合は、複数の本や論文を参考にしているケースをはじめ、参考の仕方や出典の示し方がレパートリーに富んでいる。論文を読む際には、どのように引用し、どのように出典が示されているのかにも目を向けてほしい。

2. 書誌情報の挙げ方

　第7章で述べたように、本文中で引用した文献については、論文の最後に詳しい書誌情報を挙げる必要がある。書誌情報は、著者の人数や論文や本のタイプによって挙げ方が決まっている。ここでは、『地理学評論』のスタイルに沿って、おもなタイプについて書誌情報の具体的な挙げ方を示しておく。英語の論文をはじめ、下にないタイプの文献の挙げ方については、『地理学評論』の原稿執筆要領（https://www.ajg.or.jp/wp-content/uploads/2020/08/200820.youryou_hyouron.pdf）をよく読んでほしい。書誌情報の示し方は、学術雑誌や本によって異なるので、各大学の卒論執筆要綱を確認するようにしよう。

＜学術雑誌や紀要＞
◎単著（著者が一人の場合）
姓名　出版年. 論文のタイトル－論文の副題. 雑誌名 巻: ページ.
- ➤ 年に複数回発行されている雑誌の場合、号ごとに新たに1からページがふられるのではなく、1号からその年の最後の号まで通しでページがふられる。ページを記す際は、通しのページを記すようにしよう。

［例］
前田洋介 2017. ボランタリー組織の台頭と「地域」の多層化－名古屋市緑区の災害ボランティア団体を事例に. 地理学評論 90: 1-24.
◎共著（著者が二人以上の場合）
姓名・姓名・姓名　出版年. 論文のタイトル－論文の副題. 雑誌名 巻: ページ数.
- ➤ 著者が10名以上になるときもあるが、省略せずに全著者名を記すようにしよう。

［例］
佐藤善輝・小野映介・藤原 治 2021. 九十九里浜平野旧片貝村における1703年元禄関東地震津波の史料と地質記録による検証. 第四紀研究 60: 1-12.
◎よくある間違い
学術雑誌や紀要の中にはPDFで刊行されているものもある。その場合も下記のように紙の雑誌と同様のスタイルで書誌情報を挙げ、PDFのURLは記さないのが慣例となっている。
［正］
小野映介 2020. 京都盆地東縁，白川扇状地における更新世末以降の堆積環境の変遷. 立命館地理学 666: 1497-1485.
［誤］
京都盆地東縁，白川扇状地における更新世末以降の堆積環境の変遷
　http://www.ritsumei.ac.jp/acd/cg/lt/rb/666/666PDF/ono.pdf

＜著書＞

◎単著（著者が一人の場合）

姓名　出版年.『本のタイトル－本の副題』出版社名.

［例］

野中健一 2005.『民族昆虫学－昆虫食の自然誌（ナチュラルヒストリーシリーズ）』東京大学出版会.

◎共著（著者が複数の場合）

姓名・姓名　出版年.『本のタイトル－本の副題』出版社名.

> 　名前の箇所は「姓名・姓名・姓名」といったかたちで、全員記すようにしよう。

［例］

飯塚　遼・菊地俊夫 2021.『観光地誌学－観光から地域を読み解く』二宮書店.

◎編著

姓名編　出版年.『本のタイトル－本の副題』出版社名.

> 　編者が複数の場合は、名前の箇所は「姓名・姓名・姓名編」といったかたちで、全員記すようにしよう。

［例］

佐藤正志・前田洋介編 2017.『ローカル・ガバナンスと地域』ナカニシヤ出版.

◎編著のうちの特定の章を参照した場合

姓名（章の著者）　出版年. 章のタイトル－章の副題. 姓名（編者）編『本のタイトル－本の副題』章のページ. 出版社名.

> 　章の著者や編者が複数の場合は、それぞれ全員記すようにしよう。

［例］

小野映介 2004. グレート・ジャーニーの行方－低地居住の過去・現在・未来. 宮本真二・野中健一編『ネイチャー・アンド・ソサエティ研究 第 1 巻 自然と人間の環境史』31-58. 海青社.

◎政府などの刊行物や報告書

組織名　出版年.『刊行物や報告書のタイトル』

［例］

内閣府 2021.『防災白書　令和3年版』

＊白書など政府の刊行物にはPDFと紙媒体の両方で刊行されているものが多い。両方ある場合は紙媒体のものを参照する。

◎翻訳書（原著の著者名がアルファベット表記の場合）

姓，名（大文字で最初の文字のみ）. 著, 姓名訳 出版年.『日本語での本のタイトル－日本語での本の副題』出版社名. Family Name, Given Name（大文字で最初の文字のみ）. 出版年. *Title of Book: Subtitle of Book.* 出版地名: 出版社名.

> 　著者が複数の場合は、「姓, 名., 姓, 名., 姓, 名.」といったかたちで，全員記すようにしよう。訳者が複数の場合は、名前の箇所は「姓名・姓名・姓名訳」といったかたちで，全員記すようにしよう。

> 　ミドル・ネームがある場合は、名と同様に、大文字で最初の文字のみ表記するようにする。（例，Holloway, S. L.　この場合、Lがミドル・ネーム）

［例］

ジェイン，M., バレンタイン，G., ホロウェイ，S. L. 著．杉山和明・二村太郎・荒又美陽・成瀬　厚訳 2019.『アルコールと酔っ払いの地理学ー秩序ある/なき空間を読み解く』明石書店. Jayne, M., Valentine, G. and Holloway, S. L. 2011. *Alcohol, drinking, drunkenness: (Dis) orderly spaces*. Oxon: Routledge.

＜インターネット上の記事＞

組織名　年　閲覧した記事のタイトル．URL（最終閲覧日）

- インターネット上の記事の場合、その記事が掲載されているページを管轄している組織や部署を著者名とする。
- その記事の公表日や更新日を出版年とする。公表日や更新日が不明の記事は、出版年は不明となる。そのような記事は、更新されてもわからないので、極力、参考にしないことを推奨する。
- この記事の場合は、図8-1の左下に作成日が入っており、これが出版年となる。

［例］

駐日欧州連合代表部 2015．EUのGI保護は、輸出品にも適用されるのですか？ https://eumag.jp/questions/f0715/（最終閲覧日: 2015年7月14日）

Q4. EUのGI保護は、輸入品にも適用されるのですか？

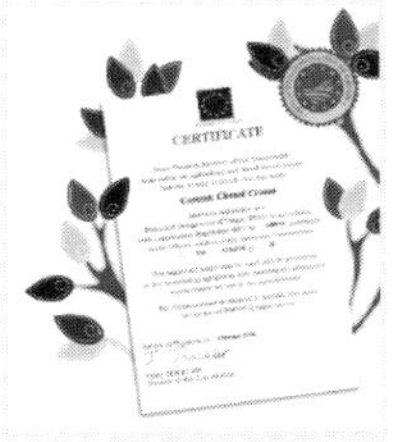

コーニシュ・クロッティドクリーム（Cornish Clotted Cream）は英国の南西部にあるコーンウォール地方特産の伝統的クリーム。原産地呼称保護（PDO）を取得している　© Rodda's Cornish Clotted Cream

原産国でGI登録され、EU域内に輸入される製品が、自動的にEUのGI保護を受けることはありません。しかし、EUは、第三国のGI製品を域内で保護することにも前向きで、2007年に、初めて「コロンビア・コーヒー」が登録されて以来、その数は順調に増え続けています。現時点では、日本のGI製品でEU域内で保護されているものはありませんが、それも近い将来、変わることでしょう。

EUのGI保護を受けるには、主に2つの方法があります。原産国ですでにGIとして保護されている場合には、その生産者は、自国の当局を通じて、あるいは、欧州委員会（農業・農村開発総局）に直接登録申請をすることができます。委員会の担当部局が、EU法規との整合性を確認するために、その申請書類と製品明細書を6カ月かけて審査します。その後、申請は通常3カ月にわたる異議申し立て期間を経なければなりません。一度認められれば、EUのGI登録簿に記載され、全EU加盟国で保護されます。

もう1つは、非EUのGIを二者間協定によって認め、保護するという方法です。EUが近年第三国と締結する二者間通商協定には、GIについての規定が設けられており、相手側の領域におけるGIを、自分側の領域で保護する条件について相互に合意することになっています。協定によって直接保護する場合は、相手側のGI保護・管理制度が認証されるので、保護の迅速化や手順の効率化という意味で、多くの利点があります。

日本とEUは現在、自由貿易協定（FTA）／経済連携協定（EPA）を交渉中であり、これにはGIに関する規程も含まれますので、将来的には、日欧のGIの一部が、協定によってまとめて保護されることになると見込まれています。ただし、日本は自身の新制度で農産品GIを指定する必要があり、それには、まだしばらく時間がかかりそうです。

※1 1891年にポルトガル・リスボンにて作成され、1958年に締結された原産地名称の保護および国際登録に関する国際条約で、以降何度か修正されて今日に至る。現在28カ国が締結。英語名は"Lisbon Agreement for the Protection of Appellations of Origin and their International Registration"。

※2 「独自の」（of its own kind）を意味するラテン語。ここでは、商標法、消費者保護法などの延長で保護するのではなく、独自の、あるいは専用の法を用いることを意味している。

※3 正式名称は「ドーハ開発アジェンダ」。世界貿易機関（WTO）で行われている貿易障壁をとり除くことを目的とした多角的貿易交渉。2001年カタールのドーハにて開始、現在継続中。

※4 「壱岐」「球磨」「琉球」「薩摩」（以上、焼酎）、「白山」（清酒）および「山梨」（ワイン）の6種。

※5 EUでは、ビールは、農産物を原材料として発酵させたアルコール飲料（発酵酒）であるという意味で農産品とされている。

関連記事

「欧州の『本物の美味しさ』を保証する認証制度」（2013年10月号　政策解説）
「品質と味にこだわったヨーロッパの食品」（2014年04月号　注目の話題）

2015年7月14日　EU MAG Vol. 42（2015年07月号）

図 8-1　駐日欧州連合代表部 2015 の記事の一部
https://eumag.jp/questions/f0715/

【参考文献・引用文献】

前田洋介 2008. 担い手からみたローカルに活動するNPO法人とその空間的特徴. 地理学評論 81: 425-428.

第9章　研究テーマ・研究対象地域をどうやって決めるか

➤ 関心のある現象や地域を列挙して、それらの中から、特に関心のある現象や地域を選ぶことで、研究テーマを絞り込むことができる。
➤ 研究テーマが具体化したら、研究テーマの研究史上の位置付けを確認する必要がある。
➤ 設定した研究テーマにとって、適切な対象地域を選択することが重要である。
➤ 研究対象地域を設定する上では、対象地域のスケールにも注意を払ってほしい。

1. 研究テーマと研究対象地域

　卒論に取りかかる際には、研究テーマと研究対象地域を決める必要がある。「一つの論文には一つの研究テーマ」というのは地理学に限らず、どの分野の論文にも共通することである。一方の研究対象地域は、設定されない分野も存在するが、地理学の場合、大半は研究対象地域が設定される。卒論のテーマや対象地域は、3年生次の終わりか、4年生次の最初に決めることが多いだろう。ここで決めたテーマは1年近くかけて取り組むものになるので慎重に選んでほしい。

　それでは、研究テーマと研究対象地域をどのように決めればいいのだろうか。研究テーマを先に決めてから研究対象地域を決める場合と、研究対象地域を決めてから研究テーマを決める場合とがある。前者の方が研究テーマを設定しやすいので、本章では、前者を念頭に説明していく。

2. 研究テーマのアイディア出し

　本節では研究テーマが白紙の状態から、いくつかの候補を挙げる段階について説明する。まずは1枚の紙を用意して、関心のある現象や地域を列挙してほしい。それらの中から、特に関心のある現象や地域を選ぶことで、候補を絞り込むことができる。周囲の人とブレインストーミング（自由に意見を出し合うことで、新たな発想を生み出したり、アイディアを昇華させたりする手法）の形式で行ってもよいだろう。いずれにしても頭の中だけで考えるよりも、紙やホワイトボードに書き出しながら考えていくことをお勧めする。

　いくつかキーワードが出揃ったら、関心のある単語と単語をいくつか組み合わせてみよう。この時点では、中山間地域の高齢化、東京大都市圏の都市構造の変化、火山地域の地下水流動、沖積平野の地形発達史といったように、2〜3の用語（キーワード）を組み合わせる程度で構わない。また、研究対象地域については、具体的な地名ではなく、中山間地域、大都市圏、火山地域、沖積平野といったように、どのような特徴を持った地域を対象としたいかという程度で十分である。何度かこの作業を繰り返していくと、自分の関心のあるテーマに行きつくだろう。

　自分では気がついていないところに、自分の関心のある現象や地域が転がっていることもある。そのような現象や地域も拾えるように、上記の作業と平行して、次のことも試してほしい。それは『地理学評論』など主要雑誌の10年分の題目・キーワード・要旨、『地理学事典』

（公益社団法人日本地理学会 2023）など、おもな事典・辞典類の目次と気になる項目、そして大学に所蔵されている卒論に目を通すことである。また、日本地理学会の学術大会や日本地理教育学会の「卒業論文発表大会」に参加することもお勧めする。地理学の研究には多種多様なテーマ・時代・地域を扱ったものがある。しかし、地理学の研究の幅を狭くイメージしてしまっていて、関心のあるテーマを「これは地理学の卒論では扱えない」と思い込んでしまっている学生も多い。これらの作業に取り組んだり、学会に参加したりすることにより、テーマの幅広さを確認できるだけではなく、自分自身の思い込みで蓋をしていたテーマに気づくこともできる。

3．研究テーマの具体化と決定

　研究テーマの候補が2〜3個でてきたら、講義ノートや教科書などから、そのテーマについてこれまで学んできたことを振り返ってみよう。例えば、都市構造の変化をテーマに考えているのならば、講義ノートや教科書を振り返ると、「バージェスの同心円地帯理論」、「クラーセンの都市の発展段階論」、「ニュータウン」、「人口の都心回帰」、「ジェントリフィケーション」といったキーワードに目に留まるかもしれない。このような基礎的な知識を確認することで、都市構造の変化について、「いつの、どこの、どのような変化」を研究したいのか、より具体化していくことができる。背景となる知識が多ければ多いほど、研究テーマはより具体化されるため、これまでに学んだことや教科書などで基礎を再確認する作業を大事にしてほしい。

　研究テーマが具体化したら、研究テーマの研究史上の位置付けを確認する必要がある。卒論は自分の関心のあるテーマについて探究するものである。しかし、卒論はあくまで学術論文であり、「新たな知見」を提示するためのものである。第3章で確認したように、「新たな知見」は従来の研究との比較を通じて提示されるものである。そのため、この段階である程度、研究テーマに関してこれまでどのような研究が蓄積されているのかを確認しておこう。研究テーマと関わりのありそうな論文を収集し、比較的新しいものを少なくとも10〜20本読み、当該テーマの研究の到達点を確認した上で、テーマを確定してほしい。

　本格的な研究史の整理は研究テーマが決まった後でよいが、研究テーマを決める段階で、既存研究の収集も平行して進めていこう。

4．研究対象地域の設定

　研究テーマがかたまってきたら、研究対象地域を設定する必要がある。研究対象地域の設定理由を聞くと、「地元だから」、「行ってみたいから」といった回答をする学生がいる。地元を対象とすることは、予備知識やインフォーマントとのコンタクトをはじめ、メリットとなることは多い。また、未知なる土地への好奇心は地理学の研究において大きな推進力となるものであり、尊重したい。しかし、より重要なのは、設定した研究テーマにとって、適切な対象地域を選択することである。例えば、「中山間地域の高齢化」をテーマにするのであれば、地元が都市部だとしても、対象地域は都市部ではなく中山間地域に設定する必要があることは想像できるだろう。設定した研究テーマを行うには、どのような特徴を持った地域を対象とすることが適切なのかを熟考した上で、具体的な対象地域を決めるようにしよう。結果的に研究対象地

域が地元になったり、関心のある地域になったりすることは問題ない。なお、ゼミや卒論中間報告会などで対象地域の設定理由を聞かれることがあるが、これは研究テーマにとって、なぜ相応しい対象地域と考えられるかが問われているのであり、「地元だから」、「行ってみたいから」といった回答が求められているわけではない。

　研究対象地域を設定する上では、対象地域のスケールにも注意を払ってほしい。対象とする現象は固有の空間的な広がりをもっており、市区町村や国境といった人為的な境界で区切られるとは限らならない。研究対象地域を設定する際には「○○市における」や「△△町を事例に」といったように、市区町村を挙げる例が多い。しかし、研究対象地域は、「○○平野における」や「△△都市圏を事例に」といったように、市区町村の境界に捉われる必要はない。研究対象地域を設定する際は、現象の空間的な広がりに留意し、適切なスケールを設定することも意識してほしい。

　特に土地勘のない土地で研究を行う場合は、その土地のイメージの有無が研究の進捗に影響することもある。余裕があれば、旅行でも構わないので、研究テーマを確定する前に一度現地を訪れることを勧めたい。

第10章　題目の決め方

➤卒論の題目は、小説などの題目とは本質的に異なる。
➤題目は、どんな内容が書かれているのかを読者に正確に想起させるものでなければならない。
➤卒論を書く際には、常に題目と内容があっているのかを確認するとともに、必要に応じて両者の関係を調整するという作業を怠ってはならない。

1.　適切な題目とは

　卒論の顔となるのが題目（タイトル）である。繰り返しになるが、卒論は学術論文に準ずるものであるから、もちろん題目を決める際にも学術的なルールに従う必要がある。まず、学術論文の題目はみなさんがこれまで親しんできた文学作品の題目とは決定的に違うことを知ってほしい。第6章で挙げた『雪国』は、読者の関心をそそるような優れた題目ではあるが、学術論文の題目は、内容を読者の想像に任せるようなものであってはならない。

　卒論の題目として、適切でないものから説明しよう。例えば、「商店街について」とか「沖積平野の考察」といった漠然としたものは良い題目とは言えない。「地名の研究」や「植生に関する考察」といった題目も卒業論文としては適切ではない。「そのような題目の書籍があるではないか」と思うかもしれないが、それは著者が事例研究を積み重ねて体系化したものであり、卒論ではそこまでたどり着くことは不可能である。地理学の卒論では、ある地域における、ある事例を扱うことがほとんどなので、何処の何を対象にして、どんな観点から研究したのかという情報を題目に入れるのが適切である。題目は、どんな内容が書かれているのかを読者に正確に想起させるものでなければならない。題目には、卒論の内容を示すキーワードが含まれる必要がある。逆に言えば、キーワードをもとに題目を決めていくという作業が必要である。

　卒論の題目を決める際には、過去の論文を参考にするのがよい。以下に、2015年以降に刊行された『地理学評論』に掲載された論文20本の題目を掲載した。先の10本が人文地理学的なもので、後の10本が自然地理学的なものである。もちろん、両者は明確に分かれるわけではなく、中間的なものもあえて示した。これらを見てもらえれば分かるように、地理学の論文では人文系や自然系を問わず、対象とする地域、時代、事象が題目に示されていることが多い。それらと論文の内容を示す適切なキーワードが配されていることにより、どんな内容が書かれているのかをある程度推測することができる。また、自由度がそれほどあるわけではなく、バリエーションも限られていることに気づいてほしい。

◆人文地理学系論文の題目
・同業者組織の制度・慣習に立脚した調整機能の不全と同業者町の空間的再編成－明治～大正期の大阪における材木業同業者町を事例に
・東京都区部におけるシェアハウスの立地特性とシングル女性の住宅ニーズからみたその背景

・滋賀県高島市朽木における行商利用の変遷と現代的意義
・沖縄・多良間島における肉用牛繁殖経営群の動態－2000年と2017年の農家経営の追跡調査から
・秩父市荒川白久地区の天狗祭りの再生における住民の反応
・福井県大野市の住民による地下水管理と自治体行政との関係
・インドネシア・リアウ州における移住者のアブラヤシ個人農園経営を通じた社会階層の上昇移動
・和歌山県串本町におけるイセエビ刺網の共同体基盤型管理の多様性
・長野県須坂市における果樹農業の品種更新プロセス
・ヘリテージ創出過程における保存建造物の選択と過去の示され方－「横浜港発祥の地」を事例として

◆自然地理学系論文の題目
・ケニア山における氷河縮小と水環境の変化が地域住民に与える影響
・夏期の関東地方における対流性降水の発現率の経年変化
・ナミビア北東部ブワブワタ国立公園における住民の生業活動と植生の関係
・2014年広島土石流災害による建物被害の立地分析
・滋賀県高島市朽木地域におけるトチノキ巨木林の立地環境
・光ルミネッセンス年代測定法を用いた武蔵野台地西部における礫層の堆積年代測定
・広島の古日記天候記録による1779年以降の夏季気温の復元
・2014年2月の降雪による関東甲信地方の園芸施設被害と発生原因
・糸魚川–静岡構造線活断層系白州断層の平均変位速度と完新世後半の古地震
・八丈島におけるスダジイ集団枯損の空間分布とその地形依存性

2. 題目の構造

　地理学の卒論では対象地域があるはずなので、「（対象地域）における……」とするのが一般的である。対象地域の後には、何をどのように考察するのかを付け加えれば良い。その際、「展開」や「変容」といったやや抽象的な用語を用いると、何となくおさまりが良いのだが、焦点がぼやけてしまうのでなるべく避けてほしい。何を考察するのかを具体的に示す必要がある。

　人文系の論文で、どうしても対象地域やキーワードが一文でおさまりきらない場合は、副題（サブタイトル）を付けることになる。ただし、題目は簡潔かつ的確なものが美しいという点は強調しておきたい。先にも述べたように、題目のバリエーションは限られている。卒論の構想がある程度固まってきたら、Google Scholar などを用いて論文の題目を検索してみよう。おそらく、自分が思い描く卒論の内容に近い題目（もちろん、対象地域や対象事象が異なるものも含めて）を探し当てることができるであろう。

　以下に、論文の「摘要（抄録）」と「キーワード」、それらと題目との関係についての事例を示す。最終的に題目を決定するには、摘要（卒業論文では摘要の執筆が求められないことが多いので、「まとめ」の章のことだと思ってもらってよい）に書かれた文章、キーワードとの整合性がしっかりと取れているかを確認してほしい。

次の事例1の論文では、対象地域は「九十九里浜平野」の「旧片貝村」であり、これが冒頭に示される。そして扱う事象は「1703年元禄関東地震津波」であるから、それも記される必要がある。また、この研究では歴史地震で生じた津波について、文献や絵図などの「史料」と、掘削調査によって得られた津波堆積物や堆積物中の珪藻化石といった「地質記録」を比較することによって明らかにしようとしたものなので、研究方法の特徴を強調するためにも「史料と地質記録による検証」という説明が加えられている。

　事例2の論文は、日本国内での二地域居住者と経験者の活動実態と生活形態変容の経緯について明らかにすること、二地域居住者と農村地域との関与の在り方や、双方の対応と影響を把握して地域振興策との関係性を検討することといった、2点を研究目的に掲げている。この論文では、二地域居住者と農村地域との関与の在り方の一般性を論じる意図があり、研究対象地域、すなわち「千葉県南房総市および周辺地域」は事例的な要素が強い。したがって、本題では「日本における「二地域居住」の実態と地域振興との関係性」として、副題に「千葉県南房総市および周辺地域を事例に」と示して、両者の関係性を説明している。

・事例1

摘要（抄録）

　九十九里浜平野の中央部に位置する千葉県九十九里町（旧片貝村）を対象に，1703年元禄関東地震津波の痕跡について，史料調査と低地の掘削調査によって検証を試みた．元禄関東地震の前後に作成された絵図を現地調査で比定した結果から，津波は少なくとも九十九里町役場付近まで遡上したことが分かった．九十九里町役場に隣接する水田で掘削したコア試料の層相と珪藻化石の分析からは，海浜堆積物とそれを覆う堤間湿地堆積物が認められた．淡水性の湿地堆積物を明瞭な地層境界を介して覆う砂層が一枚認められ，堆積物の特徴などから津波堆積物の可能性が高いと考えられる．この津波堆積物の堆積年代は少なくとも1,664calAD以降と考えられ，史料などの情報も考慮すると1703年元禄関東地震による津波堆積物と考えるのが最も妥当である．

キーワード

九十九里浜平野, 旧片貝村, 元禄関東地震, 歴史地震, 津波堆積物, 珪藻化石

⇩

題目

九十九里浜平野旧片貝村における1703年元禄関東地震津波の史料と地質記録による検証

（佐藤ほか 2021）

・事例2

摘要（抄録）

　本稿では，千葉県南房総市と周辺地域を事例に，近年メディア等で注目を集める「二地域居住」に焦点を当て，二地域居住者と地域の実態を明らかにし，人口減少社会における地域振興との関係性を検討した．現地調査を通じて，二地域居住は「田舎暮らし」を希望していても移住は難しい場合の次善策として選択されていることや，事例地域では，大都市部からの良好な交通条件と豊富な自然環境に加え，先駆的なリーダーによる情報発信が機能して，多様な二地域居住者が集まっていることが示された．自治体が行う移住支援策

との相乗効果が生まれ，二地域居住者が地域の課題解決を目指す活動も生じているなど，二地域居住が地域振興に寄与する可能性はあるものの，現時点では地域住民からの二地域居住に対する認知度は低いため，地域振興策として二地域居住を推進する際には，リーダーの活動を生かす一方で，自治体が地域住民との橋渡しを行う必要があると考えられる．

キーワード

キーワード：二地域居住，田舎暮らし，地域振興，千葉県南房総市

⇩

題目

日本における「二地域居住」の実態と地域振興との関係性－千葉県南房総市および周辺地域を事例に

住吉（2021）

3．題目を確定させていく作業

　大学によっては、4年生の夏季休業前に卒論の題目を提出する必要がある場合もある。これは、早い段階で学生に当事者意識を持ってもらうという教育的効果を狙ったものである。そうした義務が無い大学でも、4年生になったら卒論の題目を決めておくのが良い。なぜならば題目を決めるという行為は、「こんなことを書くぞ」という目標を立てることであり、方向性を決めることである。それが無ければ何も始まらない。もちろん題目の変更は可能である。安易に題目を変更するのは良くないが、論文を書いていれば、題目と内容に齟齬が生じてくることは珍しくはない。内容がかたまってくると焦点が定まるので、内容にあった題目に微修正する必要も出てくる。論文を書く際には、常に題目と内容があっているのかを確認するとともに、必要に応じて両者の関係を調整するという作業を怠ってはならない。ただし、題目の修正はあくまで微修正にとどめてほしい。第7章でも述べたように、これをやったけどうまくいきそうにないから、まったく別のことをやってみようということを繰り返していては、卒論を完成させることはできない。

【参考文献・引用文献】
＊人文地理学系論文
網島　聖 2016. 同業者組織の制度・慣習に立脚した調整機能の不全と同業者町の空間的再編成－明治～大正期の大阪における材木業同業者町を事例に. 地理学評論 89: 303-328.
石川慶一郎 2019. 東京都区部におけるシェアハウスの立地特性とシングル女性の住宅ニーズからみたその背景. 地理学評論 92: 203-223.
伊藤千尋 2015. 滋賀県高島市朽木における行商利用の変遷と現代的意義. 地理学評論 88: 451-472.
大呂興平 2021. 沖縄・多良間島における肉用牛繁殖経営群の動態－2000年と2017年の農家経営の追跡調査から. 地理学評論 94: 211-233.
貝沼良風 2022. 秩父市荒川白久地区の天狗祭りの再生における住民の反応. 地理学評論 95: 301-316.
河村　光 2023. 福井県大野市の住民による地下水管理と自治体行政との関係. 地理学評論 96: 125-145.
小泉佑介 2019. インドネシア・リアウ州における移住者のアブラヤシ個人農園経営を通じた社会階層の上昇移動. 地理学評論 92: 343-363.
崎田誠志郎 2017. 和歌山県串本町におけるイセエビ刺網の共同体基盤型管理の多様性. 地理学評論 90: 300-323.

羽田　司 2017. 長野県須坂市における果樹農業の品種更新プロセス. 地理学評論 90: 555-577.

平松晃一 2016. ヘリテージ創出過程における保存建造物の選択と過去の示され方－「横浜港発祥の地」を事例として. 地理学評論 89: 283-302.

＊自然地理学系論文

大谷侑也 2018. ケニア山における氷河縮小と水環境の変化が地域住民に与える影響. 地理学評論 91: 211-228.

澤田康徳 2016. 夏期の関東地方における対流性降水の発現率の経年変化. 地理学評論 89: 107-117.

芝田篤紀 2018. ナミビア北東部ブワブワタ国立公園における住民の生業活動と植生の関係. 地理学評論 91: 357-375.

田中　圭・中田　高 2018. 2014年広島土石流災害による建物被害の立地分析. 地理学評論91: 62-78.

手代木功基・藤岡悠一郎・飯田義彦 2015. 滋賀県高島市朽木地域におけるトチノキ巨木林の立地環境. 地理学評論 88: 431-450.

林崎　涼・鈴木毅彦 2022. 光ルミネッセンス年代測定法を用いた武蔵野台地西部における礫層の堆積年代測定. 地理学評論 95: 25-41.

平野淳平・三上岳彦・財城真寿美 2018. 広島の古日記天候記録による1779年以降の夏季気温の復元. 地理学評論 91: 311-327.

両角政彦 2017. 2014年2月の降雪による関東甲信地方の園芸施設被害と発生原因. 地理学評論 90: 324-347.

山中　蛍・後藤秀昭 2023. 糸魚川–静岡構造線活断層系白州断層の平均変位速度と完新世後半の古地震. 地理学評論 96: 291-315.

吉田圭一郎・杉山ちひろ 2017. 八丈島におけるスダジイ集団枯損の空間分布とその地形依存性. 地理学評論 90: 491-503.

佐藤善輝・小野映介・藤原　治 2021. 九十九里浜平野旧片貝村における1703年元禄関東地震津波の史料と地質記録による検証. 第四紀研究 60: 1-12.

住吉康大 2021. 日本における「二地域居住」の実態と地域振興との関係性－千葉県南房総市および周辺地域を事例に. 地理学評論 94: 348-363.

第11章　論文の構成を理解する－章立ての基本

➤卒論は「序論」、「本論」、「結論」の3つのセクションから構成される。

➤序論は「導入」、「既存研究のレヴュー」、「研究目的」、「研究方法」、「研究対象や地域の概観」といった内容で構成されるのが一般的である。

➤本論は「結果」と「考察」によって構成される。

➤結論は「まとめ」に加え、しばしば今後の研究課題が示される。

1.　論文の基本的な構成

　本章では、論文の構成の基礎について確認する。第3章で論文にはルールがあることを確認したが、論文の構成にもルールがある。例えば、ディスカッションやプレゼンテーションの際に、「結論から先に述べると」といったように、先に結論を伝えた上でその理由や背景を説明する論法がある。これにより、主張や内容を理解しやすくなることがある。しかし、論文には構成のルールがあるため、論文の冒頭で結論が述べられるような場合は少ない。論文の構成は分野によって多少のバリエーションはあるが、基本的な骨格は共通している。論文の構成の基礎を理解することは、論文を執筆する時のみならず、読む時にも大きな助けとなる。

　論文の構成で最も意識してほしいのは、論文が大きく、「序論」、「本論」、「結論」の3つのセクションから構成されている点である。以下では、具体的な地域や事例を対象とした実証研究を念頭に、序論、本論、結論の内容をみていく。

2.　序論

　序論は「導入」、「既存研究のレヴュー」、「研究目的」、「研究方法」、「研究対象や地域の概観」といった内容で構成されるのが一般的である。論文の冒頭となる導入では、論文のテーマが提示されるとともに、なぜそのテーマを扱うのかについての説明が加えられる。冒頭でテーマが提示されると、続いてそのテーマについて既存研究のレヴューが行われる。具体的には、何がどこまで明らかにされたり、議論されたりしてきたのか説明がなされる。

　この既存研究のレヴューを踏まえた上で、研究目的、すなわちこの論文で具体的に何を明らかにしたり、考察したりするのかが提示される。さらに、研究方法において、データの種類や収集方法、分析方法についての説明が行われる。学術研究では、結果を再現できる必要があるため、読者が再現できるよう、調査や分析の手順を丁寧に示すことが求められる。

　研究対象や地域の概観では、続く「本論」の内容をより深く理解できるよう、対象とする事例や地域について、必要な事柄が記述される。特に序論において地域の概観が示されるのは、地理学の論文の特徴の一つといえる。

　なお、序論の章構成や各内容の順番には、論文によって多少の差異がある。また、研究対象や地域の概観については本論に位置づくものもある。

3．本論

　続く本論は、「結果」と「考察」によって構成される。結果では、データの分析結果が記述される。それに対して、考察では結果をもとに考えられることや、どのような「新たな知見」が得られたと考えられるのかが論じられる。違う言い方をすると、本論は、序論で提示された問いかけ（目的）に対し、根拠（結果）をもとに、回答（考察）を行うことがメインとなる。

　結果と考察については第3章でも少し触れたが、ここで改めて両者の関係を確認しておく。根拠（結果）をもとに回答（考察）を行うことが必要であると述べたが、例えば、表11-1のように、高齢化率についてデータを示しただけでは、それは事実を提示したに過ぎない。ただし、結果においては、事実として分析の結果をしっかり記載することがとても重要となる。なぜならば考察

表11-1　日本の高齢化率の推移

年	高齢化率（%）
1950	4.9
1955	5.3
1960	5.7
1965	6.3
1970	7.1
1975	7.9
1980	9.1
1985	10.3
1990	12.1
1995	14.6
2000	17.4
2005	20.2
2010	23.0
2015	26.6
2020	28.6

（国勢調査により作成）

は、事実に基づいて考え、論じられるものだからである。論文では、結果から考えることを考察（discussion）と呼ぶ。例えば、表11-1をもとに「1950年以降、日本の高齢化率は一貫して上昇している」というのは、誰がみても明らかであり、結果といえる。他方で、2000年以降における上昇が重要だと考え、「1950年以降の日本の高齢化率の推移の中でも、特に2000年以降の上昇は重要な点であると考える」と述べたとする。注目してほしいのは、ここには筆者の考えが含まれている点である。重要かどうかは意見が割れるところである。このように筆者の考えや解釈が入ったものが考察となる。

　ただし、結果をもとに自由に考察ができるわけではない。考察は、序論への回答でもあるため、序論で提示されたテーマや目的に収斂させていくことが求められる。特に自然地理学では、根拠（結果）を提示することと、考察して回答（主張）を導き出すことは明瞭に区分されており、章が分けられることが一般的である。人文地理学では、筆者の考えや解釈を織り交ぜながら分析が進められることもあり、結果と考察との違いが曖昧に表現されている場合があるので注意が必要である。その場合でも、どの部分が事実であり、どの部分が筆者の考えや解釈なのかは文体から区別できる。

4．結論

　最後の結論は、「まとめ」に加え、しばしば今後の研究課題が示される。まとめでは、序論と本論の内容が1、2段落程度で説明される。論文のテーマ、目的、結果、そして考察したことを手際よくまとめることが重要となる。論文の構成がしっかりしていると、まとめは比較的簡単に書くことができる。まとめの後に、そのテーマについて、今後、どのような研究が必要であるかが述べられることもある。なお、人文地理学では結論部において考察を行っている論文もみられる。しかし、構成がしっかりしている方が読みやすいだけでなく、書きやすくなるので、卒論では、考察を本論で行うことを推奨する。

　卒論を執筆する際は、全体の構成を常に意識しながら取り組んでほしい。調査や分析を進めていくと、テーマや目的を修正する必要がしばしば生じる。収集したデータや分析結果がテー

マや目的と整合していないと不安に感じることもある。しかし、そのように感じているということは、全体の構成がイメージできている証左でもある。その際は、序論を修正したり、追加の調査や分析を行ったりすることで、全体の整合がとれるようにカイゼンしていこう。

5.　論文の構成の具体例（人文地理学系論文）

　実際の論文「東京都中央区における民間賃貸住宅居住者の住民特性と移動歴」を例に、論文の構成を確認してみる。ここまで論文が大きく3つのセクションで構成されていることを確認したが、この論文では、Ⅰ章が序論にあたる。Ⅰ章の1節に導入や既存研究のレヴューが含まれており、続く2節で研究目的と研究方法が示されている。この論文の研究対象と地域は、東京大都市圏の人口動態となるが、分厚い研究の蓄積があるテーマであり、既存研究のレヴューにおいても研究対象と地域に関する議論が提示されているので、研究対象と地域に関する概観を独立したパートとしては示していない。

　本論はⅡ章～Ⅴ章となる。Ⅱ章では既存の統計（国勢調査）の分析結果を、Ⅲ章とⅣ章では筆者による質問紙調査の分析結果を示す章となっている。そしてⅤ章は、「分析結果をもとにⅠ章で述べた論点について検討し、1990年代後半以降の都心3区における人口回復の背景について考察する」とあるように、結果をもとに序論で提示された問いかけに対応した考察を行う章となっている。そして、Ⅵ章が結論の章となっている。

題目　東京都中央区における民間賃貸住宅居住者の住民特性と移動歴
Ⅰ　はじめに
　1　問題の所在
　2　本稿の目的と方法
Ⅱ　東京都心3区における民間賃貸住宅居住者の増加
　1　東京都区部における年齢別の人口増減と純移動
　2　東京都心3区における住居形態別の世帯増減
Ⅲ　東京都中央区における民間賃貸住宅居住者の住民特性
　1　質問紙調査の概要
　2　分析対象者の属性
　3　分析対象者の住居とその選択理由
Ⅳ　東京都中央区における民間賃貸住宅居住者の移動歴
Ⅴ　考察
　1　東京都心3区の人口回復と民間賃貸住宅居住者の関係
　2　東京都心3区の民間賃貸住宅居住者の移動にみられる特徴
　3　東京都心3区の人口回復の背景
Ⅵ　おわりに

石川（2021）

6．論文の構成の具体例（自然地理学系論文）

　自然地理学系の論文でも、基本的には上記に示した構成と変わりはない。ただし、人文地理学系の論文では「結果」と「考察」が入り混じった章構成がみられ、それは問題がないのだが、自然地理学系の論文では両者をはっきりと区別する場合が多い。そのため、章構成がやや冗長になることがあるが、仕方がない。また第14章で詳しく述べるように「研究方法」は、より丁寧に書くことが求められる。

　以下、論文「浜松平野西部における完新世後期の浜堤列の地形発達過程」の章構成の事例を挙げておく。この論文の特徴としては、Ⅶ章の考察において対象地域の地形発達について述べた後に、他地域との比較を試みている。卒論でも、各自が対象とした地域と他の地域を比較して、その差異や共通性に言及してほしい。

題目　浜松平野西部における完新世後期の浜堤列の地形発達過程

Ⅰ　はじめに

Ⅱ　対象地域
　　1　地形
　　2　調査対象とした低地

Ⅲ　調査・分析方法
　　1　層序と層相
　　2　^{14}C年代
　　3　火山灰分析
　　4　珪藻分析

Ⅳ　地層の層相と年代
　　1　東神田川低地
　　2　浜堤Ⅰ・Ⅱ間の堤間低地
　　3　浜堤Ⅲ・Ⅳ間の堤間低地

Ⅴ　珪藻分析から推定される堆積環境　　☞ 結果（事実の記載）
　　1　東神田川低地
　　2　浜堤Ⅰ・Ⅱ間の堤間低地（地点a）
　　3　浜堤Ⅲ・Ⅳ間の堤間低地

Ⅵ　溺れ谷低地・堤間低地の堆積環境変遷　　☞ 考察
　　1　東神田川低地
　　2　浜堤Ⅰ・Ⅱ間の堤間低地（地点a）
　　3　浜堤Ⅲ・Ⅳ間の堤間低地

Ⅶ　浜堤列の形成過程とその特徴　　☞ 考察
　　1　浜堤の形成開始時期と閉塞時期
　　2　他の海浜平野との比較

Ⅷ　まとめ

佐藤ほか（2016）

　改めて確認してもらいたいのは、論文は大きく3つのセクションで構成されていることである。各セクションの内容は、実証研究、シミュレーション、理論研究をはじめ、研究内容により違いはあるものの、大きな骨格は共通している。

【参考文献・引用文献】
石川慶一郎 2021. 東京都中央区における民間賃貸住宅居住者の住民特性と移動歴. 人文地理 73: 31-54.
佐藤善輝・藤原　治・小野映介 2016. 浜松平野西部における完新世後期の浜堤列の地形発達過程. 第四紀研究 55: 17-35.

第12章 「はじめに」の書き方

> ➤「はじめに」は、なぜこの論文が書かれる必要があるのかを、社会的重要性と学術的重要性の両面から説明するための章である。
> ➤既存研究をまとめる際には、それらを羅列するのではなく、内容を十分に咀嚼して、ストーリーをつくることを心掛けてほしい。

　「はじめに」は論文の第1章に相当し、「研究の視点・目的」と記される場合もある。論文の導入部であり、この章では論文がどのような目的で書かれたものなのかを的確に示す必要がある。「はじめに」は、なぜこの論文が書かれる必要があるのかを、社会的重要性と学術的重要性の両面から説明するための章である（研究分野によっては社会的重要性を述べることが難しいこともあるが、地理学という学問の性質上、少なくとも社会との接点に対する意識は持ってほしい）。小学校の夏休みの自由研究などでは、これらの点の説明はさして重要ではないだろう。なぜなら自由研究は「興味があるから調べる」で構わないからである。しかし、卒論では「なぜ」この論文を書く必要があるのかという点を明確に述べることが求められる。卒論に取り組むにあたって、当初から、その内容の社会的重要性と学術的重要性が定まっている学生は少ないと思う。したがって、「後付け」になることが多いのだが、それはマストの作業である。

　卒論では、大半の学生が初めて本格的な調査をすることになるので、周到に準備したとしても良いデータが得られるとは限らない。教員が卒論を評価する際の基準として重きを置くのは「成果」ではない。その論文がどのような「設計」のもとで書かれたのかという点を重視する。その設計を示すのが「はじめに」である。理系の大半の分野では、「はじめに」は比較的短く、ある意味淡白に記されることが多い。しかし、『地理学評論』を読んでもらえれば分かるように、地理学においては多くの論文で「はじめに」に重厚な記載がなされることが多い。

　以下、実際の論文を事例に「はじめに」の構造を説明する。

◆「ラオス平野部の農村における水田の拡大過程－首都ヴィエンチャン近郊農村を事例として」

I　研究目的

（テーマと社会的背景の説明）

　ラオス人民民主共和国（以下ラオスと略記）では，全就業人口の約8割が第一次産業に従事しており，GDPの約1割を米生産が占める．一般的に，熱帯モンスーン気候下での米生産は，雨季作と乾季作に大別されるが，ラオスにおける年間米生産量の約8割は雨季作によるものである（Linquist *et al.* 2006）．4月下旬から12月中旬にかけて行われる雨季作は，栽培環境やイネの種類によって天水田稲作・灌漑水田稲作・浮稲作・陸稲作に分けられる．一方，乾季作はすべて灌漑水田稲作である．

　山間地域が卓越するラオスでは，焼畑の陸稲作が長年にわたって米生産の主要な位置を占めてきたが，1990年代以降，陸稲生産量は減少の一途をたどっている．これに対し，天水田はメコン川沿いの平野部を中心に拡大を続けている．しかし，平野部の天水田稲作は干ばつや洪水に対してきわめて脆弱であり，米生産量は降雨状況を反映して年ごとに大き

く変動する（Fukai *et al.* 1998；MRC 2005；Basnayake *et al.* 2006）．そうした変動を抑えることを目的として，ラオス政府は 1986 年以降に天水田の灌漑化事業を推進し，1999 年には米の自給率100%を達成した（Schiller *et al.* 2006）．ただし，同国の米生産を支えているのは，依然として平野部の広範で実施されている天水田稲作である．

既存研究で何が分かっているのか＝レヴュー

　ところで，ラオス中部の平野部に隣接し，天水田の広がる東北タイでは，水田の拡大過程について詳細な検討がなされている．Kono（1991）は，同地域における米生産量の増加は，人口増加による米需要の高まりを反映して生じたものであり，水田の拡大によって両者のバランスの維持が図られてきたことを指摘した．また，舟橋・柴田（2006）はコラート平原の中央部に位置するドンデーン村を事例として過去約 40 年間の水田の拡大過程を検討する中で，1980 年代以降の急速な世帯数の増加に水田の拡大が追い付かず，世帯当たりの天水田所有面積が大きく減少したことを明らかにした．

　一方，水田の拡大過程と自然条件との関連性についても考察がなされている．海田ほか（1985）は天水田が卓越する東北タイ農村の米生産量は，各年の降雨状況に左右されるイネの作付率に規定されており，干ばつのリスクを減らすために，河川に近い低地が好まれて天水田として利用されてきたことを指摘した．また，福井（1988）は東北タイに多く分布する「ノング」と呼ばれるすり鉢状の地形に広がる天水田について，開田可能な場所が多く残されていた 1930 年代までは水がかりの良い低地部を中心に立地していたが，低地部の開田可能域が不足し始める 1940 年代以降は徐々に高地部へと拡大したことを明らかにした．

　以上のような水田の拡大は，稲作技術の適応を伴うことが指摘されている．宮川ほか（2008）は東北タイの農村において，異なる地形・水文条件を有する天水田に対応するために，栽培技術の開発や品種の選択，労働投入が行われてきたことを指摘した．また Miyagawa *et al.*（2006）は，1980 年代の高度経済成長期以後，東北タイでは農家の経済状況の向上と水田利用が可能な場所の不足を背景として，補助灌漑の導入や水田区画の整備，化学肥料の使用，浮稲を含む在来品種から改良品種への移行などが進むことにより，作付面積や米生産量の年変動幅が小さくなり，生産性が向上したことを明らかにしている．

社会的背景や既存研究を踏まえて，どこに問題点があるのか

　上述のように，東北タイにおける水田の拡大過程を扱った研究では，米生産量の増加の過程における天水田面積と人口とのバランス関係を軸として議論が展開されるとともに，米生産量を規定する自然環境や生産性との関係が検討されてきた．一方，ラオス平野部の天水田稲作については，農林省やその関連機関が作成した統計資料を用いて，面積や生産量の増減が検討されてきた（Schiller *et al.* 2001；尾藤 2002；Linquist *et al.* 2006）．しかし，いずれも俯瞰的な報告にとどまっており，管見の限りでは天水田稲作を主な生業とする村を対象として開田と世帯数との関係を検討した事例は存在しない．また，自然条件と開田過程の関連についても不明な点が多い．ラオス平野部は東北タイと同じコラート平原に位置しており，ノングに類似した波状起伏が認められるが，年平均降雨量は東北タイの 1,300～1,500 mm に対し，1,600～1,800 mm と比較的恵まれている（小野 2008）．こうした自然条件のもとで，どのような場所で開田が進められてきたのか，また，東北タイの開田過程との共通性や差異についても明らかにされていない．加えて，ラオスでは 1975

年の社会主義革命以降，タイとは異なる政治・経済体制，農業政策がとられているが，そうした体制・政策が村レベルでの水田の拡大過程に及ぼす影響についても不明である．

上記を踏まえた研究目的

　そこで本稿は，天水田稲作を主な生業とするラオス平野部の農村を対象として，水田の拡大過程を明らかにするとともに，その背景について世帯数・自然条件・社会主義的農業組織の三つの観点から検討する．

安達ほか（2010）を一部改変

　この事例で示したように、冒頭には対象とする地域や事象に関する一般的な説明、それが地理学的にどのような位置づけになるのかを記すことになる。

　それに続いて、上記で述べた事象について、地理学や他分野でどのような研究がなされてきたのかを詳しく述べる。ここでは既存研究のレヴューをするわけだが、注意してほしいのは既存研究を羅列するだけでは、レヴューにはならないということである。ここで整理された研究史は、研究成果に関わる重要な位置づけとなる。とりわけ「考察」の章では、「はじめに」で挙げた論文との比較を通じて、研究で明らかになった事象の共通性や差異に言及することになる。既存研究をまとめる際には、それらの内容を十分に咀嚼して、ストーリーをつくることを心掛けてほしい。

　社会的背景や既存研究をまとめたら、それらと研究目的をつなぎ合わせる文章が必要となる。論文を書き慣れていない場合は、既存研究に欠けている点を指摘しがちであるが、これまでに多くの研究がなされている分野では「不足」が無い場合もある（正確に言うと、無いことはないのであるが、初学者では指摘するのが難しい）。そうした場合に、無理矢理に不足を指摘すると、その不足を補うような成果を出さなければならなくなるので、自分を苦しめることになりかねない。扱う事象について十分に研究がなされている場合には、その旨を正直に記述して、そのうえで自分は何ができるのかを考えて、記述してみよう。卒論では大発見が求められているわけではない。これまでの研究史に少しでも自分の足跡を残せればいいというくらいの気持ちで臨んでほしい。

　「はじめに」の終盤に記すことになる研究目的は、上記の内容が適切に記されていれば、おのずと文章化することができる。逆にここで執筆に苦しむことがあれば、それまでの流れに無理があるということである。

　先ほど言及したように、理系の論文では「はじめに」の位置づけが人文系の論文とは少し異なる。完全な理系論文というわけではないが、自然地理学系の論文（ここでは地形発達史研究）の事例も示しておく。

◆ 「十和田火山AD915噴火後のラハールが及ぼした津軽平野中部の堆積環境への影響」

Ⅰ．はじめに

研究対象地域の概要と研究史の概略

　津軽平野では後氷期の海面上昇にともなって，北部の大半が沈水し，海進最高頂時の汀線は平野中部に位置する五所川原市付近にまで達したとされる（海津，1976）．完新世後期に入ると，岩木川の堆積作用によって内湾が徐々に埋め立てられてデルタが形成されたが，その最上部を構成する頂置層の詳細な堆積環境や，微地形の発達過程については十分

に明らかにされていない.

【研究の視点と、それに関わる既存研究。研究の重要性】

　離水後，おもに河川成の堆積作用によって形成された頂置層の発達過程や微地形の形成は，後氷期のダイナミックな海面変動に対応したデルタの底置層や前置層の堆積に比べれば小規模な現象ではあるが，そこに居住する人々にとっては環境を左右する重要な現象である．津軽平野中部では，平安時代中期に集落の立地が始まるとされているが（青森県教育委員会，1976），当時の堆積環境については不明な点が多い．また平安時代には十和田カルデラにおける比較的規模の大きな噴火があり（十和田aテフラ，噴火エピソードA（AD 915）：大池，1972；町田ほか，1981；Hayakawa, 1985；早川・小山，1998），カルデラ南西に位置する秋田県の米代川流域では，ラハール（火山性の泥流・土石流・洪水流の総称）による当時の住家の埋積も報告されている（赤石，1999）．そのため，噴火の影響による大量の火山性土砂の移動・堆積と，それに関わるかもしれない津軽平野域における地形や堆積環境の変化を探る意義は十分にある.

【以上を踏まえた研究目的】

　そこで本稿では，平安時代の津軽平野中部における堆積環境を十和田火山の最新の噴火（AD 915）との関わりを含めて検討し，通常は低湿地環境が広がりやすいデルタ面上への人々の居住に至る過程を，堆積環境条件の面から解明することを目的とする.

小野ほか（2012）を一部改変

【参考文献・引用文献】
足達慶尚・小野映介・宮川修一 2010. ラオス平野部の農村における水田の拡大過程－首都ヴィエンチャン近郊農村を事例として. 地理学評論 83: 493-509.
小野映介・片岡香子・海津正倫・里口保文 2012. 十和田火山AD915噴火後のラハールが及ぼした津軽平野中部の堆積環境への影響. 第四紀研究 51: 317-330.

第13章 「地域概観」に何を書けばよいのか

➤ 地域概観とは、単に研究地域を網羅的に紹介する章ではない。
➤ 地域概観とは、研究対象地域や事象に関する情報を提示して、後の「結果」や「考察」に連接させる章である。

　卒論を執筆するうえで、意外とうまく書けないのが「地域概観」である。この章をなぜ書くのかという意味を理解していないと、とんちんかんなことを書いてしまうので、注意してほしい。地域概観とは、単に研究地域を網羅的に紹介する章ではない。例えば、「完新世における津軽平野の地形発達史」というテーマで論文を執筆するのに、青森県の面積や人口の変遷といった情報は必要であろうか。「富山県富山市の中心市街地における交通政策」というテーマで論文を執筆するのに、富山県の名物が寒ブリやホタルイカであることを述べる必要があるだろうか。以上は極端な例ではあるが、これまでに提出された卒論を読むと、地域概観の章に本論とは関係のない情報、とくに「物産地誌」が記されていることが多い。地域概観とは、研究対象地域や事象に関する情報を提示して、後の「結果」や「考察」に連接させる章である。この章には、どのような視点や方法で、また、どれくらいの空間スケールで地域を扱うのかが示される必要がある。そして、ここでは「考察」へとつながる伏線が張られることが望ましい。そのためには、「はじめに」で言及できなかった既存研究を引用したり、既存の統計（必要に応じて加工して用いる）などを示したりする必要がある。

　また、この章で論文の対象地域を適切に示した地域概観図を提示してほしい。地理を学ぶ学生であれば、地域概観図としてGoogle マップやYahoo! 地図を提示するのではなく、必要な情報のみを的確に示した地図を自前で作成するのが望ましい。

　以下に、地域概観の事例として2本の論文から抽出した部分を挙げる。1本目は、地域概観というタイトルを用いずに、「研究対象と分析資料」としている。これは、前章までの流れのもとで研究対象を説明する必要性と、研究対象をどのような資料を用いて分析したのかを連接させて説明するのが適切であると著者が判断した結果であろう。このように、地域概観は場合によって別の章名に言い換えることもできる。2本目は、調査対象地域の位置づけについて、空間スケールごとに丁寧に文章化するとともに、図を効果的に用いている点に注目してほしい。

◆「ヘリテージ創出過程における保存建造物の選択と過去の示され方－「横浜港発祥の地」を事例として」

---

3. 研究対象と分析資料

［研究対象事象の説明と妥当性］

　本稿では，2009 年，横浜市の「象の鼻地区再整備事業」により，港湾施設を転換し「横浜港発祥の地」（横浜市港湾局 2009）として既存建造物の一部を保存した象の鼻パークを研究の対象とする．以下，象の鼻地区は，再開発対象の空間的範囲を指し，象の鼻パークは，再開発により整備された公園を指す．

　象の鼻地区は，横浜港の中でも第二次世界大戦前までに開発された内港地区の中心部に

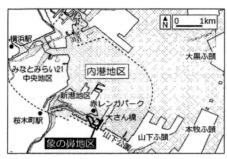

図1　横浜港における内港地区と象の鼻地区（2016年）

Fig. 1　The Zonohana district and inner harbor area in the Port of Yokohama, 2016

表1　象の鼻地区の略歴
Table 1　Brief history of the Zonohana district

年	主な出来事・主な建造物の建造または撤去
1859	東波止場・西波止場使用開始
1860年代	東西波止場間を埋め立て運上所（税関）等建造 東波止場を曲線状に拡張
1894	象の鼻地区東側海面に大さん橋建造 物揚場沿い東西方向に上屋建造・構内鉄道敷設
1917	象の鼻地区西側海面を埋め立て，新港埠頭建造
1923	関東大震災により，陸上施設・一部の護岸崩壊
1924	横浜回漕組合 Landing Agent 会により東西上屋再建
1929	横浜貿易会館建造 横浜海洋会館建造
1930	エキスプレスビル建造
1930頃	震災復旧工事 東西上屋線敷設 護岸を修復し一部桟橋化 キッコーマンビル建造 昭和ビル建造
1934	横浜税関本庁，街路を隔てた西側街区に移転
1945	連合国軍接収中に東西上屋全焼
1949	東西上屋跡地接収解除 東西上屋株式会社創業・倉庫等建造
1953	物揚場にクレーン設置
1965	山下臨港線開通
1968	東西上屋倉庫貨物取扱高ピーク
1970頃	税関船員詰所・用品庫設置 物揚場拡張・岸壁を桟橋化
1982	東西上屋線廃止
1986	山下臨港線廃止
2000頃	西波止場二号上屋等を撤去し立体駐車場設置 キッコーマンビル撤去
2004	三菱倉庫跡地にマッスルシアター建造

（横浜税関百二十年史編纂委員会編 1981；東西上屋倉庫株式会社社史草稿等から作成）.

ある（図 1）．象の鼻地区は，1859年建造の横浜港最初の埠頭である東波止場・西波止場から発展した約 3.8ha の陸地と，その陸地に囲まれた船溜まりとから成り，横浜港における近代化産業遺産群の構成遺産の一つに選定された（経済産業省 2007: 52）．"象の鼻"とは，1860 年代に船溜まりを外海から守るよう曲線状に拡張された防波堤の形に由来する（表1）．

　ウォーターフロントの再開発においてヘリテージは，港湾都市特有の魅力を引き出すことのできる手法として，1970 年代以降，欧米を中心に重用されてきた（レン 1986）．そのため，ウォーターフロントのヘリテージは，歴史的性質と現代的性質とが分かちがたく結びついた「相補的なパッケージ」（Tunbridge and Ashworth 1992: 177）と特徴づけられている．横浜市でも，1960年代末から，他市のような開発規制としてではなく，「新しい都市づくりを進めるキイ」（田村 1983: 182）として，建造物の保存を開発・再開発手法の中に位置づけてきた．とりわけ，象の鼻地区が位置する都心部では，都市デザイン上の利用価値に基づいて，保存建造物が選定される傾向にある（鈴木 2007: 34）．したがって，象の鼻パークは，複数の目的が並び立って創出されるヘリテージの一つの典型といえ，本稿の考察対象に適した事例である．

研究に用いる資料の妥当性

　象の鼻パークは，公共事業として創出されたことから，意思決定の根拠が，公的なプロセスの中でどのように説明されるかが重要である．そのため，本稿は，既存建造物に対する価値づけと存廃の意思決定を，事後的にではなく，同時代的に説明した資料を用いる．現実には，個人的またはインフォーマルな意思による影響もあったと考えられるが，本事例においては，事業に関わった主体間

に大きな対立はみられなかったこと，公的な説明と現実に発生したこととの間に大きな矛盾がないことから，事業主体である横浜市自らが同時代的に発信した情報に的を絞る．具

体的には，次に挙げる 3 種類の資料を主に用いる．まず，横浜港港湾管理者（1982），文化芸術・観光振興による都心部活性化検討委員会（2004），ナショナルアートパーク構想推進委員会（2006）など，横浜市による都心部を対象としたプロジェクトの計画資料である．これらは，象の鼻地区再開発を，市全体のプロジェクトの一翼として位置づけるものである．次に，横浜市港湾局が作成した同地区再開発に関する調査・計画資料である．これは，2003年，2005年，2006年，2009年におのおのまとめられた報告書を主として，横浜市港湾局（2011）に合冊され，同局に保存されているもので，再開発の具体的過程を最も詳細に示す資料である．最後に，同地区再開発に関わる発言を収録した横浜市会会議録である．再開発に求められる役割や，地区全体と個々の建造物とに対する価値づけの変遷を，最も明確に示す資料である．

平松（2016）を一部改変

◆「伊勢平野中部，志登茂川左岸における浜堤列の発達過程」

II　地 域 概 観

対象地域の地形分類結果の概要

　対象地域を含む志登茂川周辺の地形分類結果を図1B に示す（作成方法については後述）．この地域の地形は，丘陵・段丘とその海側に分布する計 4 列の浜堤，そして主として志登茂川沿いに発達する自然堤防・後背湿地の組み合わせから構成される．なお，志登茂川河口付近の右岸側にも浜堤が連続する可能性が高いが，人工改変が著しく，地形分類が困難であった．

沖積低地を取り巻く地形（丘陵・段丘）の概要

　丘陵は新第三紀鮮新世の東海層群亀山層（吉田 1987；水野ほか 2009）から構成され，標高 30〜50m に背面を持つ．これらは主に，砂，シルト，粘土から構成される．段丘は標高 30〜40m に連続的な地形面を有し，対象地域北部および中央部の丘陵の縁辺に部分的に分布する（図 1B）．これらの段丘面の詳しい形成年代は不明であるが，堆積物の風化度や周辺との比較などから，中期更新世に対比されている（吉田 1987）．

研究の中心となる浜堤地形の概要

　丘陵・段丘の海側には，東西の幅 0.9〜2.0km の浜堤列平野が分布する．この浜堤列平野に分布する浜堤は，陸側から I〜IV の計 4 列に区分できる（図1B）．

　浜堤 I は丘陵・段丘から 150〜400m 程度東側に分布し，浜堤頂部の標高は 2.5〜3.5m で，東西（海−陸）方向に100〜150mの幅を持つ．浜堤Iは丘陵・低地の前面では連続的であるが，志登茂川河口部では約 1.6km ほど分布が途切れる．浜堤 I と丘陵・段丘の間には標高 1〜3m の低湿地が分布する（図1B）．

　浜堤IIは，浜堤Iから約300〜400m海側に位置しており，両浜堤間には堤間湿地が分布する（図 1B）．浜堤頂部の標高は 2〜3m である．堤間湿地は浜堤I の後背地に比べて低位に位置し，標高 1〜1.5m である．海陸方向の幅は 150〜300m である．浜堤 II の海側には，断続的な分布を示すものの，浜堤頂部よりも 1m 程度低い堤間湿地が認められ，これを境として浜堤 II と III を区分することができる（図 1B）．浜堤 III 頂部の標高は 2〜3m で，東西（海−陸）方向の幅は 200〜500m である．対象地域南部の浜堤 III 上には，弥生時代

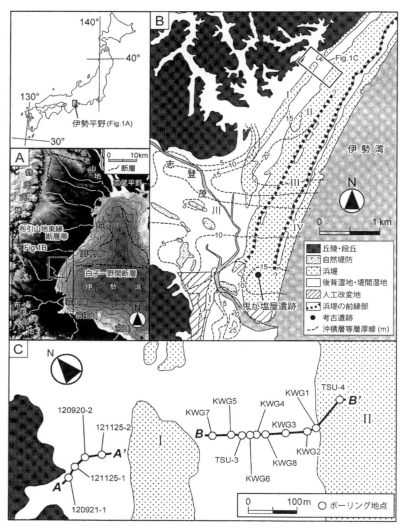

図1　対象地域インデックスマップ
A：伊勢湾西岸地域の段彩陰影図．陸域は国土地理院50mメッシュ標高DEMデータ，海域は日本海洋データセンターの500mメッシュ水深データ（J-EGG500）を用いた．海域の等深線の間隔は5m．活断層トレースの位置は中田・今泉（2002）および岡村ほか（2013）に基づく．B：対象地域周辺の地形分類図および沖積層層厚等値線図．沖積層層厚等値線は吉田（1987）に基づく．C：掘削地点の位置図．

Fig. 1　Index map of the study area
(A) Shaded relief of the western coast area of Ise Bay. (B) Geomorphological classification map of the study area. (C) Location map of the coring sites.

と古墳時代以降の集落跡遺跡である鬼が塩屋遺跡が立地する（山中編2012）．

　浜堤Ⅲの海側には幅約100mの堤間湿地が分布し，これを境として浜堤ⅢとⅣを区別できる（図1B）．浜堤Ⅳは対象地域北部で明瞭に認識できるが，南部では浜堤Ⅲに収斂する．浜堤Ⅳは直接伊勢湾に面しており，現在の海浜を形成する．

（沖積低地の概要）

　対象地域中央部〜南部には，志登茂川の形成した自然堤防と後背湿地が発達する（図1B）．この沖積低地の大きさは，東西方向が約4km，南北が約2kmである．自然堤防は志登茂川の右岸側を中心に分布し，いずれも小規模で連続性が悪い．志登茂川は海岸から約1.2kmの箇所で浜堤Ⅱ〜Ⅳによって流下方向を南側に変え，屈曲する（図1B）．

（沖積低地の地形発達に影響を与えうる断層活動について言及）

　対象地域には布引山地東縁断層帯や白子–野間断層などの活構造が分布する（図 1A；中田・今泉 2002；鈴木ほか 2010；岡村ほか 2013）．段丘・丘陵の一部は，布引山地東縁断層帯に属する千里断層や安濃撓曲の活動により変形する（吉田 1987；鈴木ほか 2010）．同断層帯の東部は，津市周辺で海域を横切っており，海岸線から約 3km 沖合に津沖撓曲が分布する（岩淵ほか 2000；岡村ほか 2013）．また，白子–野間断層は伊勢湾内を東西方向に横切り，伊勢平野陸域にトレースが延長する可能性も指摘されている（吉田 1987）．

佐藤・小野（2017）を一部改変

【参考文献・引用文献】
平松晃一 2016. ヘリテージ創出過程における保存建造物の選択と過去の示され方－「横浜港発祥の地」を事例として. 地理学評論 89: 283-302.
佐藤善輝・小野映介 2017. 伊勢平野中部，志登茂川左岸における浜堤列の発達過程. 地理学評論 90: 475-490.

第14章　「研究方法」は何のために書くのか

　学術論文は、検証可能性（Verifiability）が担保されていなければならない。すなわち、同じ条件で他者が分析や実験を行えるように、それらの方法・手順を記しておく必要がある。卒論では、検証が必要になるような「改ざん」が行われることはないと思うが、学術論文に準ずるものを執筆する際の心得として、この「儀式」は省かないでほしい。

　卒論で研究方法を書く積極的な理由としては、その論文が論理的に書かれているのかを確認する作業につながるという点である。本章をまとめる際には、分析する空間とデータの整合性、分析や考察の順序を丁寧に記載し、論文の構成が正しいかどうかを各自で判断してほしい。

　ところで、研究方法は「はじめに」や「地域概観」の章に組み込んで書かれることもある。とりわけ人文地理学系論文では、そうした傾向がみられる。一方、自然地理学系論文では先に示した検証可能性を重視する傾向が強いので、単独の章として記されることが多い。

　以下に、丁寧に研究方法が書かれた事例を紹介する。この論文では、研究方法の章に用語の定義、分析の仕方から考察への流れ、研究対象地域の妥当性、現地調査の具体的な方法、論文の構成といった情報が示されており、卒論の良い手本となる。

◆「沖縄・多良間島における肉用牛繁殖経営群の動態－2000年と2017年の農家経営の追跡調査から」

3.　分析枠組と調査方法

研究全体の流れを説明

　本稿では，地域の 2 時点間の肉用牛繁殖経営群の変動を，各農家における農家経営の変化と，肉用牛繁殖の各経営タイプにおける技術的特徴の具体的変化に注目して説明するという分析枠組を採用する．

用語の定義（1）

　本稿において肉用牛繁殖経営群の変動とは，地域内の小規模経営，中規模経営，大規模経営の各経営タイプの増減として示されるところの，経営群の構成変化を言う．各経営タイプは，大呂ほか（2005）で沖縄離島部の経営群を分類したのと同様に，母牛20頭，60頭を基準に分ける．この理由は，沖縄離島部では現在でもこの頭数の前後で必要な資本装備の水準が大きく変化し，経営の特徴に明確な差異が確認されるからである．

用語の定義（2）

　また，ここで言う農家経営とは，農業内の各部門および農外就業の組合せとして実現される農家の世帯としての生計の組立てを指す．各農家はその世帯構成を反映した必要所得や投入可能な生産要素，各部門から期待しうる所得といった世帯内外の諸条件を勘案し，農業内の各部門や農外就業を組み合わせている．したがって，これらの諸条件が変化すれば，各農家はそれに適応すべく農家経営を変化させ，その結果として，肉用牛繁殖経営へ

の参入・撤退ないし経営タイプの変更を通じた各経営タイプの増減，すなわち経営群の変動が生じうる．本稿では，2時点間の各農家における農家経営の変化とその背後にあった諸条件を把握することで，地域の肉用牛繁殖経営群の変動を説明する．

分析方法と考察への流れについて

そのうえで本稿では，上記の肉用牛繁殖経営群の変動を支えていた，肉用牛繁殖経営の技術的特徴の変化を，経営タイプごとに詳細に検討する．ここで言う「技術」とは，経済学で生産関数と定義されるところの，生産者が土地や労働力，資本等の生産要素を組み合わせ，生産物ひいては所得を得る方法を指す．同一の経営タイプでも，各農家の試行錯誤の累積として，2時点間でその技術的特徴は大きく変化している．本稿では，そうした試行錯誤の到達点としての現時点での技術的特徴とその過去からの変化について，経営タイプごとに，土地や労働力，資本といった生産要素投入と，生産要素投入から生産物を生み出す粗飼料調達や個体管理といった具体的な生産方法について分析する．そのうえで，当該経営タイプで実現される収益性とその経営間のばらつきを検討し，この経営タイプが各農家の農家経営にいかに位置づけられるのかという視点から，現在および今後の展開について考察する．

研究対象地域の妥当性

本稿の事例地域は，筆者が1999〜2000年に踏査した多良間島に設定した．後述するように，多良間島では2000年代後半から母牛頭数が停滞し，また，沖縄の主要産地と同様の経営群の変動を示しており，適切な事例といえる．

現地調査の具体的な方法

現地調査ではまず，前回調査と同様に，行政資料を基に，肉用牛を飼養しない農家も含めた全農家におけるサトウキビ作の面積や母牛頭数を把握した．

また，2000年に聞取り調査した全34戸のうち，農業をやめた5戸，農業は続けているが調査できなかった3戸を除く26戸を再訪し，各農家の世帯員とその農外就業，農業部門の組合せ等を調査した．さらに，肉用牛繁殖経営については，過去の調査農家に加え，特に中規模以上の畜産経営は悉皆的に把握する方針で新たに31戸をサンプリングし，各経営の現時点における生産要素投入，具体的な生産方法，収益性などを詳細に把握した．最終的に大規模経営3（島全体の100%），中規模経営24（同86%），小規模経営25（同50%）の計52の経営（同64%）に詳細な聞取り調査が実施できた．調査は，2016年12月，2017年5月，7月，9月に実施した．

論文の構成

以下，IIでは，沖縄の肉用牛繁殖経営の動向を概観したのち，調査対象とする多良間島の農業について説明する．IIIでは，2時点間の各農家における世帯員とその農外就業，サトウキビと肉用牛の組合せ等の変化を分析し，肉用牛繁殖経営群の変動を農家経営の変化とその背景とともに論じる．IVでは，肉用牛繁殖の各経営タイプについて，この間の技術的特徴の変化を詳細に分析し，それぞれの展開を検討する．最後のVでは，得られた知見をまとめ，本稿の事例が与える示唆を整理する．

大呂（2021）を改変

　次に、自然地理学系論文の研究方法の記載方法についても示しておく。こちらは、対象地域の地形把握から、地質調査の方法、試料の分析方法が端的に記されている。

◆「米代川流域で発見された十和田火山AD915噴火後のラハール堆積物と埋没建物」

Ⅲ．調査方法

【地形把握の方法】

　遺跡周辺の地形を明らかにするために，国土地理院の5mメッシュDEMをESRI社のGIS10.4.1，エクステンションソフトの3D Analystを利用し標高分布図を作成した．

【現地調査（地質調査）の方法】

　また，現地では埋没建物（SI03）を半裁する北東―南西軸のトレンチ断面を対象として，堆積物等の観察および記載を行うとともに^{14}C年代測定と堆積物の分析用の試料を採取した．

【試料の分析方法（年代測定）】

　^{14}C年代測定は地球科学研究所およびパレオ・ラボに依頼し，加速器質量分析（AMS法）によって行った．得られた年代値はOxCal v4.2（Bronk Ramsey, 2009）を用いて暦年較正した．暦年較正にはIntCal13（Reimer et al., 2013）の較正曲線が用いられた．

【試料の分析方法（火山ガラス）】

　堆積物については，粒度組成，全鉱物組成，火山ガラスの形状，火山ガラス屈折率について分析を行った．堆積物の粒度分析は，500μm，250μm，125μm，63μmの篩を用いて湿式篩分けによって行った．このうち125〜63μmの粒子を対象に，偏光顕微鏡を用いて鉱物組成および火山ガラスの形状を観察した．火山ガラスの形状分類は，町田・新井（2003）に基づいて行った．また，火山ガラスは，温度変化型屈折率測定装置（MAIOT2000：㈱古澤地質製）を用いて屈折率測定を実施した．

小野ほか（2017）を改変

【参考文献・引用文献】

大呂興平 2021. 沖縄・多良間島における肉用牛繁殖経営群の動態－2000年と2017年の農家経営の追跡調査から. 地理学評論 94: 211-233.

小野映介・小岩直人・髙橋未央・藤根 久 2017. 米代川流域で発見された十和田火山AD915噴火後のラハール堆積物と埋没建物. 第四紀研究 56: 169-173.

第15章 「結果」をどのように示せばよいのか

> ➤地理学では多様なデータや分析方法が使用されるが、データの種類や分析方法を問わず、結果は事実を記載する箇所であることを意識してほしい。
> ➤結果の重要な部分が読み手に手際よくしっかりと伝わるよう、図表や主題図を活用してほしい。

1. 結果の示し方

　「結果」は、収集したデータや分析結果を提示するセクションであり、複数の章で構成されることが多い。地理学では多様なデータや分析方法が使用されるが、データの種類や分析方法を問わず、結果は事実を記載する箇所であることを意識してほしい。

　地理学の論文では、一つの論文にいくつものデータや分析結果が提示されるのが一般的である。データや分析結果を提示する順番にもルールがある。調査を行った日時や分析が終わった順番ではなく、問いかけ（目的）や回答（考察）に対応する適切な根拠（結果）となるよう、配置していく必要がある。よりマクロな内容からよりミクロな内容へ、より俯瞰的な内容からより詳細な内容へという順番に配置されることが多い。結果がどのような順番に提示されているのか、学術論文を読んで確認してほしい。

2. 図表や主題図の活用

　結果は事実の記載と説明したが、収集したデータや分析結果をそのまま全て記載してしまうと、結果のどの部分が問いかけ（目的）や回答（考察）にとって重要であるのかが伝わりにくくなり、説得力の弱い論文となってしまう。また、論文のページ数の上限が決められており、全てを記載できないこともある。そのため、結果の重要な部分が読み手に手際よくしっかりと伝わるよう、図表や主題図を活用してほしい。以下では、群馬県における高齢化と財政力指数との関係を事例に、結果における図表や主題図の活用について具体的に考えていく。

　仮に、群馬県を事例に高齢化と財政力指数との関係を明らかにすることを目的とした研究に取り組んでいたとしよう。そして、現地で調査を行った際に、表15-1のような統計を入手したとする。この表をそのまま論文に掲載しても、両者の関係を読み取るのは容易ではない。ましてや、この表の内容を「前橋市の人口は332,149人、65歳以上人口（人）は96,390人、財政指数は0.82である」といったように、一つひとつの市町村の値を文章で記載していったら、なおさら読み取りは難しくなる。表15-1も上の文章もたしかに事実の記載である。しかし、この表をもとに、高齢化と財政力指数との関係を考察していくのは難しい。

　図15-1は、表15-1のデータをもとに作成した、高齢化率と財政力指数の散布図である。このように図にまとめると、高齢化率が高い地域において、財政力指数が低い傾向を読み取ることができる。また、図15-2と3はそれぞれ、市町村別の高齢化率と財政力指数を示したものである。このように地図化すると、高齢化率と財政力指数について、山地の広がる北部や南西部と、主要都市や工場地帯の広がる南東部との地域差がみえてくる。結果でこのような事実が示

表15-1　群馬県の人口・65歳以上人口・財政力指数（2020年）

	人口（人）	65歳以上人口（人）	年齢不詳（人）	財政力指数
前橋市	332,149	96,390	19,434	0.82
高崎市	372,973	105,034	6,505	0.85
桐生市	106,445	38,392	881	0.58
伊勢崎市	211,850	53,086	3,572	0.86
太田市	223,014	58,057	3,574	0.99
沼田市	45,337	15,489	395	0.52
館林市	75,309	22,103	712	0.86
渋川市	74,581	26,284	537	0.59
藤岡市	63,261	20,486	405	0.67
富岡市	47,446	16,334	273	0.65
安中市	54,907	19,753	308	0.79
みどり市	49,648	14,832	658	0.64
榛東村	14,216	3,776	57	0.56
吉岡町	21,792	5,212	51	0.71
上野村	1,128	518	0	0.96
神流町	1,645	1,011	0	0.13
下仁田町	6,576	3,340	0	0.28
南牧村	1,611	1,051	0	0.15
甘楽町	12,491	4,274	298	0.49
中之条町	15,386	6,294	73	0.38
長野原町	5,095	1,991	49	0.44
嬬恋村	8,850	3,285	15	0.45
草津町	6,049	2,348	384	0.69
高山村	3,511	1,299	0	0.36
東吾妻町	12,728	5,253	18	0.40
片品村	3,993	1,639	22	0.25
川場村	3,480	1,566	0	0.25
昭和村	6,953	2,281	4	0.47
みなかみ町	17,195	7,014	28	0.42
玉村町	36,054	9,207	2,172	0.77
板倉町	14,083	4,735	175	0.64
明和町	10,882	3,316	80	0.83
千代田町	10,861	3,374	15	0.80
大泉町	42,089	9,464	953	1.06
邑楽町	25,522	8,241	198	0.78

国勢調査及び財政状況資料集により作成.

されていると、考察では高齢化と財政力指数との関係やその地域的傾向について議論することができる。繰り返しになるが、結果では考察での議論を見据えてデータや分析結果を示すことを心がけてほしい。

　特に量的データについては、図表や地図の作成や分析方法に関する書籍が充実しているので、どのような方法があるのかを確認してみよう。適切な図表や主題図を用いると、説得力が大きく高まるので、データを手にしたら、どのようなかたちで提示するのが最適かを考えてほしい。

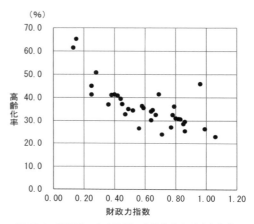

図15-1　群馬県の各市町村の高齢化率と財政力指数（2020年）

国勢調査及び財政状況資料集により作成.

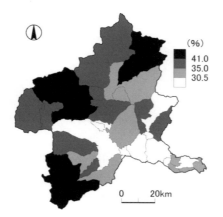

図15-2　群馬県の市町村別の高齢化率（2020年）

国勢調査により作成.

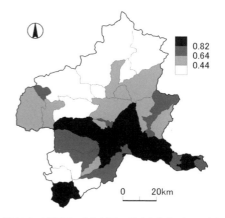

図15-3　群馬県の市町村別の財政力指数（2020年）

財政状況資料集により作成.

3.　質的データの示し方

　第11章でも触れたように、人文地理学系論文では、筆者の考えや解釈を織り交ぜながら議論を進めることがしばしばある。特に文字資料や調査対象者の発話内容といった質的データを使用する際に、そのような記述がよくみられる。質的データを利用する際も、まずは、どれが元の資料に記載されている内容や調査対象者の発話や考えであり、どの部分が筆者の考えや解釈なのかを区別できるように執筆することが重要である。

　質的データも図表と無縁ではない。データを整理・分析する際は、必要に応じて図表を活用しよう。例えば、収集したデータから現象の時系列的な展開を示したいのであれば、年表を作成するという手立てがある。他にも、多くの調査対象者の発話を引用する必要がある場合は、分析内容ごとに発話を表にまとめる方法がある。

　量的データとは異なり、地理学における質的データの分析方法に関する書籍は少ない。しかし、隣接分野に目を向けると多くの手引書が刊行されているので、文字資料の収集やインタビュー調査を行う際は、一度目を通してほしい。

佐藤郁哉 2008.『質的データ分析法－原理・方法・実践』新曜社.
谷　富夫・芦田徹郎 2009.『よくわかる質的社会調査　技法編』ミネルヴァ出版.

4.　自然環境の示し方

　以上、人文地理学系論文における結果の示し方を述べたが、自然地理学系論文でも基本は同じである。観察したものを適切なかたちで文章化、図表化してほしい。

　以下に、滋賀県高島市朽木地域におけるトチノキ巨木林の立地環境について論じた手代木ほか（2015）の結果の章で提示された図表を挙げる。この論文では、対象地域とした谷地形

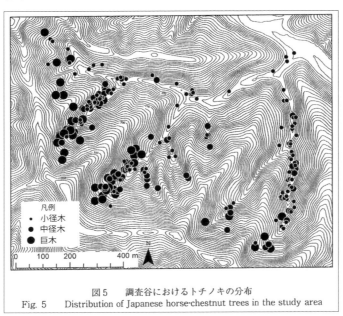

図5　　調査谷におけるトチノキの分布
Fig. 5　Distribution of Japanese horse-chestnut trees in the study area

図 15-4　調査結果をまとめた図の事例
手代木ほか（2015）

表 15-2　調査結果をまとめた表の事例

表1　調査谷において地形面ごとに分類したトチノキの出現個体数
Table 1　Number of Japanese horse-chestnut trees on each landform unit in the study area

	小径木	中径木	巨木	合計
谷底および下部谷壁斜面	60	20	4	84
谷頭凹地	6	12	16	34
上部谷壁斜面	43	34	27	104
（うち遷急線から20m以内の個体数）	(38)	(29)	(24)	(91)
その他（頂部斜面・地すべり性斜面・小段丘面）	8	0	0	8
合計	117	66	47	230

手代木ほか（2015）

におけるトチノキの分布を把握するため、胸高直径が1cm以上のトチノキ個体を対象に、各個体の生育場所をGPS受信機によって記録した。同時に各個体の胸高周囲長を計測して胸高直径（DBH）を算出し、便宜上、DBH50cm未満を小径木、50～100cmを中径木、100cm以上を巨木として分類した。それらを等高線図に示して作成されたのが図5（図15-4）であり、事前に作成した地形学図との対応関係を示したのが表1（表15-2）である。このように図化してみると、インドアワークやフィールドワークの成果が一目瞭然であり、文章と合わせて結果を明確に示すことができる。また、結果がきちんと示されることにより、そのあとの「考察」へとうまく連接させることができる。

　卒論では関連文献を精査する中で、このような既存研究における結果の示し方をしっかりと学び、見習ってほしい。

【参考文献・引用文献】

手代木功基・藤岡悠一郎・飯田義彦 2015. 滋賀県高島市朽木地域におけるトチノキ巨木林の立地環境. 地理学評論 88: 431-450.

第16章　「考察」の重要性－何をどのように考察するのか

> ➤考察では、筆者の考えや解釈を述べたり主張したりする必要がある。
> ➤卒論では、既存研究をもとに「議論」を記述する。
> ➤研究史をしっかりと抑えていないと、既存研究と議論することはできない。

1.　考察とは

　学術論文は、「新たな知見」を提示するための媒体である。卒論も学術論文であり、新たな知見を提示することが求められる。卒論において、新たな知見が導き出されるのが、この「考察」の部分である。考察があることで卒論が学術論文になるのであって、考察がないと事実を記載したレポートや報告書となってしまう。

　第15章において、「結果」では、事実の記載が重要であり、筆者の考えや解釈を交えないことが重要であることを確認した。考察はその逆で、筆者の考えや解釈を述べたり主張したりする必要がある。卒論の中でも最もクリエイティブな部分といえる。しかし、いざ考察に取り組もうとすると、「何を考察すればいいのか分からない」と口にする学生も多い。結果と考察をそれぞれ英語に訳すとresultとdiscussionとなる。考察は、結果（result）をもとに議論（discussion）する箇所と考えると、イメージが湧いてくるのではないだろうか。

2.　既存研究との議論

　考察は大きく二つのタイプに分けることができる。一つは、既存研究との「議論」である。もちろん議論は一人ではできない。卒論において、議論の相手となるのは既存研究である。ここで第11章の内容を思い出してほしい。序論では、テーマを提示し、そのテーマに関する研究史を整理するとともに、既存研究における課題や論点を確認した上で、研究の目的が導出される。より詳しく述べると、議論の相手は、序論でレヴューした既存研究となる。そして考察では、得られた結果が、既存研究と比較してどのような違い（新しさ）があると考えられるのか、既存研究における課題の何を乗り越えたと考えられるのか、既存研究をめぐる論点に対して何が主張できるのか、そして既存研究との議論を通じ、テーマに対してどのような新しい見方や考え方が提示できるのかなどが議論される。この考察における一つひとつの議論の結論は、「新たな知見」である。卒論でも柔軟な発想で、新たな知見を見出してほしい。ただし、注意してほしいのは、考察には必ず根拠が必要であるという点である。根拠の無い（結果やデータの無い）空論とならないように気をつけよう。

　既存研究との議論の一例を、第11章で取り上げた石川（2021）をもとにみてみる。次に示した文章では、前半で結果のまとめを行った上で、「近年、住宅取得に伴う世帯形成者の内向移動がみられるようになったとはいえ（矢部 2003；小泉ほか 2011）」と既存研究で明らかになったことを述べた上で、その後に、結果をもとに既存研究にどのような新しい知見を付け加えたのかが説明されている。既存研究との議論において、序論で挙げた既存研究をすべて挙

げるときりがなくなってしまう。自分自身の研究と関係の強い論文については、具体的な文献を取り上げ、それ以外については、序論で既存研究をもとに整理した論点や課題と議論することでそのような問題を避けられる。いずれにしても、研究史をしっかりと抑えていないと、既存研究と議論することはできない。

　なお考察は、結果をもとにした筆者の考えや解釈であるため、語尾に「考えられる」、「示唆される」といったように、断定表現ではないものが多用されていることにも注目してほしい。

> 　都心3区の人口回復の背景には，家族形成規範の変化と時代背景という団塊ジュニア以降の世代に対する2つの効果があると考えられる。前者にあたる未婚期の長期化は個人の住居移動に影響を与える。未婚者には転居や住居選択の際に配偶者や子の事情を考慮する必要がないため，世帯形成者と比較して転居と住居選択の制約が少ない。つまり，未婚期の長期化に伴い比較的自由な移動の可能な個人が増加しているのである。近年，住宅取得に伴う世帯形成者の内向移動がみられるようになったとはいえ（矢部，2003；小泉ほか，2011），夫や妻が世帯総員の移動を自らの望むタイミングで行える可能性は必ずしも高くない。未婚という状態は個人の都心3区への移動，とりわけ非東京圏や郊外を発地とするような比較的長距離の移動を容易にする効果をもつと考えられる。既婚女性の多くが再就職先を居住地近辺で探してきたことと比較すれば，ジョブサーチという面でも未婚女性の自由度は高いことが示唆される。

石川（2021: 50）

3.　結果を膨らませるための考察

　考察のもう一つのタイプは、結果を整理したり、結果の内容を膨らませたりするための考察である。結果をもとに考察を行うと説明したが、複数の結果を総合することで可能となる考察や、結果から考えられることをもとに可能となる考察もある。上述の例をもう一度みてほしい。この文章の前半は、まさに複数の結果を総合する考察といえる。結果Aや結果Bや結果Cといった一つひとつの結果からでは既存研究との議論が難しくても、三つの結果を総合すると既存研究と議論できることもある。しかし、この複数の結果を整理したり、総合したりするプロセスには筆者の考えや解釈が入る。そのため、いくつかの結果をまとめるための議論も考察に位置づけられる。同様に、結果Aからでは既存研究との議論が難しくても、結果を少し膨らませると既存研究と議論できることもある。ここでも筆者の考えや解釈が入る。特に後者の場合は、議論が飛躍しすぎないように十分に注意する必要がある。

　これらのタイプの考察は、筆者の考えや解釈を伴うものであるが、論の展開上、結果の章で議論している学術論文も多い。卒論では、このようなタイプの考察も、まずは考察の章で議論することを前提に章構成を考えることをお勧めする。

4.　考察のルール

　次に、考察に含めてはいけない内容について確認する。結果では、筆者の考えや解釈を含めずに、事実の記載に徹することが原則であると述べた。一方の考察では、新たな事実を提示し

ないことが原則となっている。考察は、あくまで結果をもとに議論を行うための章である。新たな結果を付け加えたい場合は、考察の前に新しい章や節を設けて、そこに記載するようにしてほしい。結果と考察の役割分担をしっかり認識しておくと、本論の構成がわかりやすくなる。そのような卒論は読みやすくなるとともに、論理関係が分かりやすくなるため、説得力の高いものとなる。

5．考察図の作成のすすめ

　考察では、その研究のオリジナリティを示してほしい。その際、文章化することはもちろんであるが、クリエイティブな図を作成して示すとより効果的である。

　例えば横山（2001）では、ラオス北部に位置するポンサワン村が経験してきた村落移転と、それに伴う生業の変化についてのモデル図（図16-1）が示されている。また佐藤（2017）では、既存研究の成果を引用しながら、新たな知見の位置づけを図化している（図16-2）。文章とともに、このような魅力的な図を提示すると、その研究のオリジナリティがより鮮明になる。

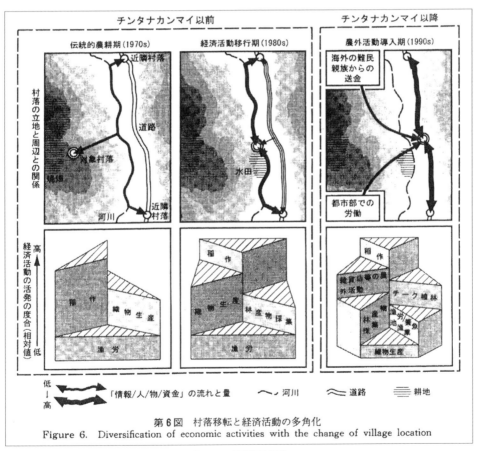

第6図　村落移転と経済活動の多角化
Figure 6.　Diversification of economic activities with the change of village location

図16-1　考察図の例①
横山（2001）

卒論をどのように書くか　第2部

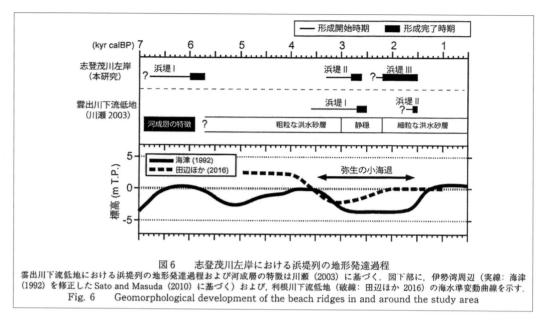

図6　　志登茂川左岸における浜堤列の地形発達過程
雲出川下流低地における浜堤列の地形発達過程および河成層の特徴は川瀬 (2003) に基づく. 図下部に, 伊勢湾周辺 (実線: 海津 (1992) を修正した Sato and Masuda (2010) に基づく) および, 利根川下流低地 (破線: 田辺ほか 2016) の海水準変動曲線を示す.
Fig. 6   Geomorphological development of the beach ridges in and around the study area

図 16-1　考察図の例②
佐藤（2017）

6.　それでも「考察」が書けない学生へ

　ここまで、卒論における「考察」の章の重要性を述べてきた。それでも、やはり調査の「結果」と、それについての「感想」だとか大胆な「提言」で終わる卒論が大半である。それはある意味仕方がないことでもあると理解はしている。大学院生でも「結果」と「考察」の違いを理解していない場合がある。それくらい、考察を記すのは難しいことなのであろう。卒論では、既存研究をもとにした問題設定がきちんとなされ、結果までが丁寧に述べられていれば合格点が与えられても良いと考えている。

　それでもやはり考察が無い論文は、「画竜点睛を欠く」とか「仏作って魂入れず」といった評価がぴったりとあてはまる。卒論に取り組む学生には、最後のひと粘りをしてほしい。繰り返しになるが、自分で新たに得たデータは、「はじめに」で挙げた既存研究とどのような関係になるのかを示してほしい。例えば、同じような事象を他地域で検証した研究と、自分が得たデータにどのような共通性や差異があるのか、数行でもよいから、その点を述べてほしい。

【参考文献・引用文献】
石川慶一郎 2021. 東京都中央区における民間賃貸住宅居住者の住民特性と移動歴. 人文地理 73: 31-54.
佐藤善輝・小野映介 2017. 伊勢平野中部, 志登茂川左岸における浜堤列の発達過程. 地理学評論 90: 475-490.
横山　智 2001. 農外活動の導入に伴うラオス山村の生業構造変化－ウドムサイ県ポンサワン村を事例として.
　　人文地理 53: 307-326.

第17章　インドアワークによるデータの収集

　有益なフィールドワークを行うには、事前に綿密な計画の立案、対象地域に関する基本情報を集めること、すなわちインドワークを実施する必要がある。ここでは、一般的なインドアワークにおいて役に立ちそうな情報を提示する。

1．基本的な統計データとその利用

　国内外問わず、行政機関や国際機関、自治体などによって様々な統計が整備されている。研究テーマが定まったら、基本的な統計データを確認してほしい。

　日本に関する統計を集める際に、まず確認してほしいのは、「e-Stat（政府統計の窓口）」である（図17-1）。e-Statは、行政機関が実施している各種統計調査を閲覧できるポータルサイトである。統計データは様々なかたちで閲覧できるように工夫されている。例えば「日本標準産業分類」や市区町村の配置分合や境界変更の情報をはじめ、統計の収集や分析に関わる情報も充実している。

　e-Statには、多種多様な統計があるため、検索にあたって途方に暮れることもあるだろう。まずは関連分野の既存研究の図表を見て、どのような統計が使用されているのかを確認しよう。

図 17-1　e-Stat（政府統計の窓口）
https://www.e-stat.go.jp

都市や人口であれば「国勢調査」、農林業であれば「農林業センサス」、漁業であれば「漁業センサス」、経済であれば「経済センサス」といったように、多くの研究で多用されている統計が見つかるはずである。おもな統計については、以下の書籍に詳しい説明が載っているので一読してほしい。

> 野間晴雄・香川貴志・土平　博・山田周二・河角龍典・小原丈明 編 2017.『ジオ・パルNEO［第2版］－地理学・地域調査便利帖』海青社.

　研究テーマにとって重要な統計が見つかったら、ダウンロードしよう。多くの統計はエクセル、CSV、PDFのいずれかの形式でダウンロードできる。表17-1は、エクセル形式でダウンロードした、令和2年度国勢調査の人口等基本集計の中の第2－5表「男女，年齢（各歳），国籍総数か日本人別人口，平均年齢及び年齢中位数－全国，都道府県，市区町村（2000年（平成12年）市区町村含む）」である。例えばこの表では、市区町村ごとに各年齢の人口が示されている。さらに、平成の大合併前の市区町村単位で集計した値も掲載されている。ある市区町村の高齢化をテーマとした卒論に取り組んでいるのであれば、5年ごとに実施されている国勢調査による統計データを収集・分析することで、高齢化の特徴や傾向を示すことができる。既存の統計データを確認しておくことは、より有意義な現地調査につながるであろう。また、統計データの分析自体が卒論の結果の一部になることもある。

　年次の古い統計については、e-Statでは閲覧できないことがある。その場合は、図書館を利

表 17-1　国勢調査の統計表の事例

令和2年国勢調査　人口等基本集計
第2－5表　男女，年齢（各歳），国籍総数か日本人別人口，平均年齢及び年齢中位数－全国，都道府県，市区町村（2000年（平成12年）市区町村含む）
1)「平均年齢」及び「年齢中位数」については，年齢「不詳」の者を除いて算出.
2)「国籍総数」については，日本人・外国人の別「不詳」の者を含む.
3)地域名において，「旧：○○○」と表記されている項目は「2000年（平成12年）市区町村」を示す。『2000年（平成12年）市区町村』については，令和2年10月1日現...

国籍総数か日	男女		2000年 都道	2000	200	2020年 都道	2020	地域名	人口 年齢 1 000_総数 (人)	人口 年齢 1 001_0歳 (人)	人口 年齢 1 002_1歳 (人)	人口 年齢 1 003_2歳 (人)
0_国籍総数	0_総数	a	00_全国	00000	2000	00_全国	00000	0001_全国	126,146,099	831,824	866,525	910,005
0_国籍総数	0_総数	a	01_北海道	01000	2000	01_北海道	01000	0002_北海道	5,224,614	29,612	31,000	32,661
0_国籍総数	0_総数		01_北海道	01100	2000	01_北海道	01100	0003_札幌市	1,973,395	12,220	12,616	13,160
0_国籍総数	0_総数		01_北海道	01101	2000	01_北海道	01101	0004_札幌市中央	248,680	1,490	1,559	1,519
0_国籍総数	0_総数		01_北海道	01102	2000	01_北海道	01102	0005_札幌市北	289,323	1,733	1,819	2,045
0_国籍総数	0_総数		01_北海道	01103	2000	01_北海道	01103	0006_札幌市東	265,379	1,843	1,834	1,886
0_国籍総数	0_総数		01_北海道	01104	2000	01_北海道	01104	0007_札幌市白	211,835	1,546	1,642	1,422
0_国籍総数	0_総数		01_北海道	01105	2000	01_北海道	01105	0008_札幌市豊	225,298	1,513	1,470	1,559
0_国籍総数	0_総数		01_北海道	01106	2000	01_北海道	01106	0009_札幌市南	135,777	647	670	727
0_国籍総数	0_総数		01_北海道	01107	2000	01_北海道	01107	0010_札幌市西	217,040	1,479	1,520	1,653
0_国籍総数	0_総数		01_北海道	01108	2000	01_北海道	01108	0011_札幌市厚	125,083	628	652	705
0_国籍総数	0_総数		01_北海道	01109	2000	01_北海道	01109	0012_札幌市手	142,625	797	853	935
0_国籍総数	0_総数		01_北海道	01110	2000	01_北海道	01110	0013_札幌市清	112,355	544	597	709
0_国籍総数	0_総数		01_北海道	01202		01_北海道	01202	0014_函館市	251,084	1,212	1,281	1,331
0_国籍総数	0_総数		01_北海道	01202	2000	01_北海道	01202	0015_（旧：函	241,024	1,191	1,242	1,295
0_国籍総数	0_総数		01_北海道	01339	2000	01_北海道	01202	0016_（旧：戸	2,291	3	7	8
0_国籍総数	0_総数		01_北海道	01340	2000	01_北海道	01202	0017_（旧：恵	2,486	3	2	6
0_国籍総数	0_総数		01_北海道	01341	2000	01_北海道	01202	0018_（旧：椴	745	2	4	1
0_国籍総数	0_総数		01_北海道	01342	2000	01_北海道	01202	0019_（旧：南	4,538	13	26	21
0_国籍総数	0_総数		01_北海道	01203		01_北海道	01203	0020_小樽市	111,299	415	435	512
0_国籍総数	0_総数		01_北海道	01204		01_北海道	01204	0021_旭川市	329,306	1,852	1,900	2,061
0_国籍総数	0_総数		01_北海道	01205		01_北海道	01205	0022_室蘭市	82,383	434	449	442
0_国籍総数	0_総数		01_北海道	01206		01_北海道	01206	0023_釧路市	165,077	862	896	915
0_国籍総数	0_総数		01_北海道	01206	2000	01_北海道	01206	0024_（旧：釧	159,011	846	875	894
0_国籍総数	0_総数		01_北海道	01666	2000	01_北海道	01206	0025_（旧：阿	4,390	10	15	15
0_国籍総数	0_総数		01_北海道	01669	2000	01_北海道	01206	0026_（旧：音	1,676	6	6	6
0_国籍総数	0_総数		01_北海道	01207		01_北海道	01207	0027_帯広市	166,536	1,089	1,105	1,179
0_国籍総数	0_総数		01_北海道	01208		01_北海道	01208	0028_北見市	115,480	594	714	710
0_国籍総数	0_総数		01_北海道	01208	2000	01_北海道	01208	0029_（旧：北	102,000	556	637	632
0_国籍総数	0_総数		01_北海道	01548	2000	01_北海道	01208	0030_（旧：端	4,384	12	25	26
0_国籍総数	0_総数		01_北海道	01551	2000	01_北海道	01208	0031_（旧：留	5,570	13	24	25
0_国籍総数	0_総数		01_北海道	01553	2000	01_北海道	01208	0032_（旧：常	3,526	13	28	27
0_国籍総数	0_総数		01_北海道	01209	2000	01_北海道	01209	0033_夕張市	7,334	23	15	29
0_国籍総数	0_総数		01_北海道	01210		01_北海道	01210	0034_岩見沢市	79,306	380	375	415

国勢調査より.

用しよう。おもな統計は、紙媒体の報告書形式でも刊行されている。各大学の図書館や都道府県立の図書館には、これらの報告書が揃えられていることが多いので確認してみよう。それでも入手できない場合は、統計資料を専門に所蔵する統計図書館（東京都新宿区若松町19-1）を利用してほしい。

　ところで第9章において、研究対象地域は市区町村といった行政区域にとらわれる必要がないことを確認した。それは統計の収集や分析においても同様である。統計の中には、市区町村の区域よりも狭い範囲で集計したものや、地域メッシュ統計（緯度・経度による方形の区画ごとに集計した統計）が提供されているものもある。国勢調査であれば、いくつかの項目は、小地域統計と呼ばれる、町丁・字別や、より詳細な街区別（基本単位区別）で集計された統計が提供されている。表17-2は、CSV形式でダウンロードした、令和2年度国勢調査の中にある、新潟県の小地域集計の第3表「男女，年齢（5歳階級）別人口，平均年齢及び総年齢－町丁・字等」である。もし対象地域が町丁や字レベルなのであれば、行政区域を単位とした統計だけではなく、町丁や字単位の統計についても確認する必要がある。小地域の統計については、各市町村が独自に作成・公表していることもある。

　既存の統計を利用する際は、その統計が、いつの、どのような調査に基づくのかを確認する必要がある。統計の中には、国勢調査のように日本に暮らす人全員を対象とする全数調査によるものだけではない。調査対象となる対象の一部を抽出して調査する標本調査によるものや、別の統計を基に推計した統計もある。統計の調査方法や作成方法により、できない分析が出てくることもある。

　民間や国際機関による統計にも多彩なものがある。これらを探す際には、下に示したような様々な統計を集めた統計書を活用することをお勧めしたい。これらの書籍には、独自に調査した統計ではなく、行政機関や国際機関、民間など様々な機関や団体による統計を基に作成した

表 17-2　国勢調査の小地域集計の事例

I	J	K	L	M	N	O	P	Q	R
				1)「総年齢」及び「平均年齢」については，年齢「不詳」の者を除いて算出。					
				人口	人口	人口	人口	人口	人口
都道府県名	市区町村名	大字・町名	字・丁目名	総数	0〜4歳	5〜9歳	10〜14歳	15〜19歳	20〜24歳
新潟県	新潟市西区	五十嵐一の町		3431	41	58	91	420	810
新潟県	新潟市西区	五十嵐二の町		5997	163	139	133	526	1494
新潟県	新潟市西区	五十嵐三の町		X	X	X	X	X	X
新潟県	新潟市西区	五十嵐三の町東		770	24	23	28	33	16
新潟県	新潟市西区	五十嵐三の町西		360	13	21	17	15	4
新潟県	新潟市西区	五十嵐三の町南		452	12	19	24	21	11
新潟県	新潟市西区	五十嵐三の町北		306	6	5	9	11	9
新潟県	新潟市西区	五十嵐三の町中		192	5	6	4	7	7
新潟県	新潟市西区	五十嵐上崎山		11	-	-	-	-	1
新潟県	新潟市西区	五十嵐中島		5028	160	217	204	186	214
新潟県	新潟市西区	五十嵐中島	一丁目	658	28	32	23	20	36
新潟県	新潟市西区	五十嵐中島	二丁目	918	31	52	52	34	29
新潟県	新潟市西区	五十嵐中島	三丁目	1130	28	47	39	50	52
新潟県	新潟市西区	五十嵐中島	四丁目	1022	37	41	48	35	49
新潟県	新潟市西区	五十嵐中島	五丁目	1300	36	45	47	47	48
新潟県	新潟市西区	五十嵐西		920	24	32	22	30	23
新潟県	新潟市西区	五十嵐東		2374	79	95	117	101	118
新潟県	新潟市西区	五十嵐東	一丁目	806	34	31	38	35	47
新潟県	新潟市西区	五十嵐東	二丁目	824	17	38	46	30	29
新潟県	新潟市西区	五十嵐東	三丁目	744	28	26	33	36	42

国勢調査より.

統計表が掲載されている。各統計表には、基にした統計の出典が示されているので、重要と思われる統計が見つかった際は、元の統計データを利用するようにしよう。なお、直接調査対象から得た情報に基づいて作成された統計を一次統計と呼び、一次統計を加工して作成された統計を二次統計と呼ぶ。卒論では可能な限り、一次統計を利用するようにしたい。

総務省統計局編2023.『世界の統計2023』日本統計協会.
二宮書店編集部編2023.『データブック オブ・ザ・ワールド2023』二宮書店.
矢野恒太記念会編2023.『世界国勢図会2023/24』矢野恒太記念会.
矢野恒太記念会編2023.『日本国勢図会2023/24』矢野恒太記念会.
矢野恒太記念会編2022.『データでみる県勢2023』矢野恒太記念会.

　最後に、統計データを探す方法として、RESAS（地域経済分析システム）の活用を挙げておきたい（図17-2）。RESASは内閣府と経済産業省が提供する、地域経済に関する統計を地図やグラフとして表現するシステムである。RESASにより、研究テーマによっては、対象とする事象の空間的な特徴を抑えることができる。RESASもまた行政機関による統計に基づいているため、気になる地図やグラフが出てきたら、出典を確認して元の統計データを入手してみよう。

図17-2　RESAS の HP
https://resas.go.jp/#/13/13101

2.　基本的な地図類と空中写真

　かつて著者らが学生の頃は、教員から「卒論の研究対象地域が決まったら、地形図を買いに行きなさい」と言われ、決して安くはない地形図を渋々と買いに行ったものだ。ただし、それは仕方がないことで、当時は地形図が無ければ研究対象地域の土地利用や地形などの情報が得られなかったのである。しかし、インターネットが普及した現在、パソコン上で閲覧可能な地図類はあふれるほどに存在している。ただし、それも玉石混交であり、卒論には出自がしっかりとした地図を使ってほしい。その点において、もっとも正統派と言えるのが国土地理院のHPに格納されている空間情報である（図17-3）。

　国土地理院の「地理院地図」では電子国土基本図の閲覧が可能であり（図17-4）、フィールドに出る前の準備段階においては、活用をお勧めする。

　国土地理院の地図・空中写真閲覧サービスも利用してほしい。研究対象地域が決まったら、

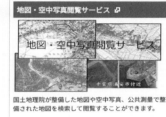

図 17-3　国土地理院の HP
https://www.gsi.go.jp/tizu-kutyu.html

図 17-4　地理院地図を用いた地形の表示例（名古屋市）
https://www.gsi.go.jp/tizu-kutyu.html

難しいことを考える前に、その地域の土地利用がどのように変化してきたのかを、地形図や空中写真を用いて時系列で整理してみよう（図17-5）。各時代の地形図や空中写真を見比べるだけで、その地域の土地利用変化の特徴が明確になり、調査内容を固めていく際のヒントになるはずである。

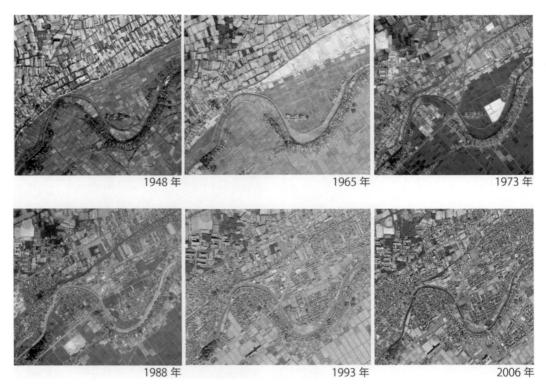

図 17-5　越後平野北西部（新潟大学周辺）の土地利用変遷
国土地理院 地図・空中写真閲覧サービスより作成.

図 17-6　今昔マップを用いた地形図の比較事例（名古屋市）
https://ktgis.net/kjmapw/

　また、「今昔マップ」を用いれば、その土地がどのように利用されてきたのかといった「土地の履歴」をより簡便に理解できる（図17-6）。

　都市計画図などの大縮尺の地図は、従来、各自治体に足を運んで購入する必要があったが、近年はインターネットで公開されている場合もある（図17-7）。

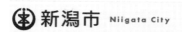

図 17-7　新潟市における都市計画地図の公表
https://www.city.niigata.lg.jp/shisei/tokei/toshikeikaku/sistem/tokeijyouhou.html

図 17-8　日本列島の地質情報を網羅した産総研の地質図 Navi
https://gbank.gsj.jp/geonavi/

　そのほかにも、産業技術総合研究所、気象庁、環境省のHPには研究対象地域を知るために有用な情報が格納されている（図17-8、9、10）。

　なお近年は、自然災害に興味を持って卒論に取り組む学生が多いが、対象地域を選ぶ際や、調査対象とする地域の特徴を知る際には、NHKの「全国ハザードマップ」が参考になる（図

図17-9　日本や海外の気象データを格納した気象庁のHP
https://www.jma.go.jp/jma/menu/menureport.html

図17-10　植生など自然環境に関する情報が格納された生物多様性センターのHP
https://www.biodic.go.jp/

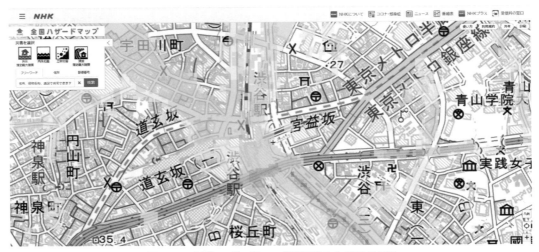

図17-11　全国のハザードマップが整理されたNHKのHPP
https://w-hazardmap.nhk.or.jp/w-hazardmap/

17-11）。ハザードマップについては、もちろん各自治体で刊行しており、それらの大半はインターネットで閲覧可能である。

3. 衛星画像とそれらの利用

　近年では、無償の衛星データの活用も比較的楽に行えるようになった。例えば、ALOS利用推進研究プロジェクトのHP（https://www.eorc.jaxa.jp/ALOS/jp/index_j.htm）には、全球高精度デジタル3D地図（ALOS World 3D）や高解像度土地利用土地被覆図といった様々なデータセットが格納されている。また、USGS（アメリカ地質調査所）や産業技術総合研究所のHPからも衛星データにアクセスが可能である。

　Google Earthも、地域を概観するための有効なツールである。Google Earth Engineを用いれば、基本的な衛星データ解析が可能である。

第18章　インフォーマントへのアポイントメントの取り方

1. インフォーマントとの接し方

　インフォーマント（informant）とは、フィールドワークの際に現地で情報を提供してくれる方のことを指す。そして、インフォーマントから調査協力の約束を得ることをアポイントメント（appointment）という。

　フィールドワークに出る前に、インフォーマントに対して調査の内容や意義を明確に伝えて、現地で協力してもえるような人間関係を構築することは、卒論を執筆するうえで極めて重要である。それができるかどうかで、良い論文が書けるか書けないかが決まるといっても過言ではない。

　調査協力者へは常に謙虚な心持ちで接する必要がある。協力者は、調査者のために貴重な時間を割いてくれるのである。そのことは決して忘れてはならない。

　インフォーマントには、手紙、電話、FAX、e-mailなどの媒体を通じて連絡を取ることになる。初めて連絡する際に最も丁寧なのは、手紙に卒論で行う調査の内容を記し、それに関して協力を仰ぎたい旨、こちらの連絡先を明記したものを郵送し、相手からの返信を待つという方法である。最近は、役所や会社のHPに問い合わせフォームが用意されていることがあるので、そこに上記の内容を記述して送るという方法もある。ただし、それはあくまで略式の連絡方法であるという認識は忘れないでほしい。なお、インフォーマントと連絡を取る際には、事前に指導教員と相談する必要がある。

2. アポイントメントの実例

　以下に、初めて協力者に連絡を取る場合の例を示す。文章を送られた相手は、貴重な時間を割いて読むことになるのであるから、内容は的確に、そして簡潔に、ただし無礼のないように記してほしい。最も気をつけてほしいのは、連絡を受けた相手が何をしたらよいのか分からないような内容にしないことである。草案ができたら、卒論の指導教員に読んでもらってから送付するのが望ましい。

　また、指摘するまでもないが、特に聞くことが無いのにアポイントメントをとるのはやめてほしい。なんとなく「皆が聞き取り調査に出かけているので私もとりあえず」という考えは全く間違っている。必要が無いのであれば、聞き取り調査は行わなくてもよい。

　　　〇〇市役所　〇〇課
　　　　担当者様

　　はじめまして、私、□□大学４年生の□□□□と申します。突然のご連絡失礼いたします。

　　現在、私は□□で将来発生する津波が□□地域におよぼすであろう影響に関する卒業論文を執筆しております。

　　□□に関する情報を集めていたところ、〇〇市役所〇〇課のホームページで、地域住民を対象とした津波避難訓練を実施していることを知りました。その記載で□□については理解できたのですが□□については、どのように対策をされているのか詳細を知りたいと思います。具体的には以下の□点について質問があります。

1)　□□□□□□□□□□□□□□□□□□□□□□□□□□□□□□
2)　□□□□□□□□□□□□□□□□□□□□□□□□□□□□□□
3)　□□□□□□□□□□□□□□□□□□□□□□□□□□□□□□

　　とくに3）の項目につきましては、□□□□年から□□□□年の数値を〇〇課で把握されておられるのかを教えて頂ければ幸いです。

　　大変お忙しい中、恐縮ですが以上の3点とそれに関する事柄につきまして、直接お会いしてお話を聞かせていただくことはできますでしょうか。

　　私の都合で申し訳ないのですが□月□日〜□月□日に伺うことが可能で、ご指定の時間に伺います。ご都合がよろしければ対応をお願いします。また、対面での聞き取りが難しい場合には、書面にて上記の質問についてお答えいただければ大変助かります。

　　私の連絡先は、以下の通りです。
　　住所：□□□□□□□□□□□□□□□□□□
　　電話番号：□□□□□□□□□□□
　　e-mail：□□□□□@□□□□□　※携帯mailではなく、大学が発行しているアドレス

　　何卒よろしくお願い申し上げます。ご連絡お待ちしております。

　　　　　　　　　　　　　　　　　　　　　　　　　　　　　　□□大学4年生
　　　　　　　　　　　　　　　　　　　　　　　　　　　　　　□□□□

　　先方から連絡があったら、すぐに訪問日時を決めて連絡を取ろう。また訪問日までに、より具体的な調査内容をe-mailで先方に伝えておけば、充実した聞き取り調査になるはずである。

　　聞き取り調査が終わったら、必ずお礼状を出そう。これはe-mailでも構わないが、手紙のほうが誠意が伝わる。調査は、一回で終わるとは限らない。何か聞き漏らしたことについて聞きたいということも出てくるかもしれない。そういった意味でもインフォーマントとしっかりと「繋がっておく」ことは必要である。

3.　知り合いの知り合いは、知り合い

　　調査地を選ぶ際に、実家の近くだからという安易なモチベーションは避けてほしい。しかし、自分の知り合いが住んでいる地域を研究対象にすると、インフォーマントへの接触が比較的容

易になるという利点もある。自分の家族の知り合いに、インフォーマントとして適任な方がいるということも珍しいことではない。先に述べたように、調査内容に適したインフォーマントと出会うことができれば、卒論の執筆においてかなりのアドバンテージを得ることになる。

4.　自然地理学的調査に関連したアポイントメント

　現地で協力してもらう方との連絡の必要性は、人文地理学的な調査を行う学生に限ったことではない。自然地理学的な調査を行う際に、調査対象とする場所への立ち入りの許可を管理者や所有者に求めなければならないし、調査の内容を伝えて、それを行うことが可能かどうかを確認しなければならない。以下に学術地質ボーリングを実施する際の依頼書の事例を挙げる。もちろん、この書類をやり取りする前には、協力者への挨拶は終えている。

　なお、国立公園などで調査を実施する際には正式な許可を得る必要があるので、各自でルールを確認して、手続きを行ってほしい。

令和□年□月□日

□□土地改良区理事長殿

学術地質ボーリング調査にともなう用地使用の依頼

　□□土地改良区内において、学術地質ボーリングを実施させていただきたく、以下の通り申請させていただきます。

　・申請者：□□大学□□学部□□学科・4年生・□□□□
　　　　　住所：□□□□□□□□□□□□□□□□
　　　　　電話：□□□□□□□□□□□
　　　　　e-mail：□□□□□@□□□□□
　（指導担当教員）□□大学□□学部□□学科・教授・□□□□

　・目的：□□□□□□□□□□□□□□□□□

　・調査地点：□□□□□□□□□□□

　・調査希望期間：□□□□年□□月□□日～□□月□□日

　・調査内容：機械式ボーリング直径約8cm×15mを1か所。
　　　　　　　（機械設置のため5m×5mの範囲を必要とする）
　　　　　　　ハンドボーリング直径3㎝×5mを1か所。

　調査後は、ボーリング抗を埋め戻し、原状回復することをお約束します。
　何卒よろしくお願い申し上げます。

以上

第19章　フィールドワークの手法と成果のまとめ

「地理学的研究の出発点は、フィールドワークにある。フィールドワークを欠く地理学の研究は、アームチェア・ジェオグラフィー（安楽椅子の地理学）、つまり空理空論に陥りやすい。」

谷岡（2008）

1. いざ、フィールドワークへ

　GISやリモートセンシングによる研究が活発に行われている昨今において、フィールドワークなど無用と考える学生もいるかもしれない。そうした考えに反論するつもりはないが、フィールドに出ると、インドアでは思いもしなかった事象に遭遇することがある。フィールドには、そこに行ったものにしか分からない世界がある（図19-1、19-2）。それは単なるノスタルジーではなく、そこには言葉では説明できない「何か」があるのだ。

　かつて、歌人で劇作家の寺山修司は「書を捨てよ、町へ出よう」と主張した。それに対して、文化社会学者の佐藤郁哉は「書を持って街へ出よう」と提唱した。いずれもフィールドの重要性を説いていることには変わりはない。

　地理学の発展は、インドアワークとフィールドワークの両立によってなされるはずである。車や電車が両輪によって安定的に走行できるように、どちらも欠かせない。そういう意味では、佐藤の言葉を借りて、ここでは「地理学徒よ、既存研究と既存データを持ってフィールドへ出よう」と言いたい。

2. フィールドで何をするのか−迷える学生へのアドバイス

　自分で調査計画を立てて、現地調査ができるという自信のある学生は、この節を読む必要はない。この節は、現地に放り出されて何をしたらよいのかが本当に分からない学生へのアドバイスである。

　数年前に3年生を対象に、ある地域で現地実習を行った。事前に各自で調査テーマを決めて、現地をまわるという形式であった。夜のミーティングで、その日の調査内容を報告してもらった際に、ある学生が「一日中歩いてきました」という簡単な報告を行った。「何に注目して歩いてきたのですか」と尋ねても「とにかく歩いてきました」と答えるだけであった。もちろん、その学生は後日に提出するレポートを完成させることができなかった。教員の立場からすれば、学生がある程度の調査目的を立てて現地に行けば、それなりの「調査」をしてくれるだろうという期待があったのだが、「フィールドワーク」というのは誰にでもできるというものではないのだなと、思い知らされた出来事であった。

図 19-1　地震による土砂移動の調査

図 19-2　農業用水の水質調査

海外調査で一緒になった高名な地理学研究者は、フィールドワークで何をしたらよいのかわからない場合の極意を教えてくれた。「数があったら数えてみよう」である。フィールドワークの鉄則は、フィールドノートを丁寧につけることであるが、単に「大きい」とか「小さい」という記載をしても、あまり意味がない。すなわち、レポートが書けないのだ。例えば、その研究

図 19-3　柱状節理の大きさを測る

者は、ラオスという東南アジアの内陸国にできたばかりの新幹線の駅で、待合室の座席の数を数えて、その数をフィールドノートに記載していた。その時、私は待合室の大きさに圧倒されてボーとしていただけであった。後日、レポートを書く際に、私は「巨大な駅であった」としか書けないが、その先生のレポートには、座席数の記載はもちろん、そこから推測される乗降客数など発展的な内容が記載されるはずである。

　どんなものにも量や大きさがある。何をやっていいのか分からないのであったら、その量や大きさをきちんと記載すればいいのである（図19-3）。ただし、卒論ではフィールドワークの前にきちんとした準備が行われているはずなので、何をしたらよいかわからないという事態に陥ることはないと信じたい。

3.　フィールドノートの活用－アウトプットを意識した調査

　上述したように、現地調査において観察したり、聞いたりした内容を記録したメモ（ノート）は、フィールドノート（field note: 複数形でフィールドノーツ field notesと表記することもある）と呼ばれ、学術的なデータとして評価される。論文では、何かを説明する際には根拠が必要であるが、フィールドノートは立派な根拠となるのである。

　卒論のテーマが定まると、現地調査に行く機会が増えてくるだろう。授業の実習などとは異なり、卒論での現地調査では、研究テーマに基づいて、現象や物事を観察したり、話を聞いたりしたことをフィールドノートに記載していくことになる。調査で用いるフィールドノートには、どのような大きさや形のノートを用いても構わない。調査の場所や方法に合わせて、最適なものを探して欲しい。

　フィールドノートは、卒論でのアウトプットを意識して記載するようにしよう。すなわち、

このメモは卒論構成のどこに貢献するのかとったイメージを持ちながら、フィールドノートをつけてほしい。

　フィールドノートをつける際には、注意してほしい点がある。記憶はどんどん薄れていくものである。状況によっては、その場でノートをつけることが困難なこともあるだろう。そのような場合は、ノートを開ける状況になったら、すぐに観察したり聞き取ったりしたことを記載しよう。自分の記憶をくれぐれも過信しないでほしい。また、限られた時間で多くの聞き取り内容を記録した際などには、ノートの記載が走り書きになってしまう場合もある。このようなノートは、時間が経つと記憶が薄れ、何を書いてあるのかを判読できなくなることもある。判読できないメモは、論文の根拠にはならない。このような事態に陥らないように、その日の調査が終わって自宅や宿に帰ったらすぐに、別のノートに清書するようにしよう。清書の際はパソコンを用いても構わない。

　また、調査の時間や状況を調査内容にあわせて記録してほしい。フィールドノートに記載された内容は、「いつ、どこで、誰が、どのような状況で調査したものなのか」を示すことによって、はじめて論文のデータとなる。例えば「おそらく2023年の6月頃のもの」といった記載では、データとしての信頼性に欠ける。ノートをつけたり、清書をしたりする際は、記載内容だけではなく、記載時の状況についてもしっかりと記録することを忘れないようにしよう。

　フィールドノートに記述するメモは、多すぎても問題になることは無い。現地調査に出掛けたら、研究テーマと少しでも関係のありそうなことは、くまなくノートに記載するようにしよう。昼食時にお店の方と交わした何気ない会話が、その後の調査の大きな手がかりとなることもある。

4.　聞き取り調査で注意すべきこと

　地理学では分野を問わず、現地調査において聞き取り（ヒアリング）調査を行う機会は多い（図19-4）。よく間違える学生がいるが、決して「聞き込み」ではない。聞き取りには、事前にアポイントメントをとり、1〜2時間かけてインフォーマントからじっくりと話を聞くようなフォーマルなものから、道端で会った現地の方との立ち話のような簡便なものまで多様である。ここでは、形式にかかわらず、聞き取りにおいて注意してほしいことを確認する。

　一つには、聞きたいことや聞いていることが、事実なのか、それとも考えなのかを意識することである。例えば、アニメの聖地となった地域において、お店の方に聖地化について話を聞く機会が得られたとする。事実に関する質問としては、「いつから観光客が増えたのか」や、「アニメ関連の商品を販売しているか」といったものが挙げられる。一方で、インフォーマントの考えや捉え方に関する質問としては、「いつから聖地化したと感じているか」や、「聖地化したことは地域にとってよかったと感じているか」といったものが挙げられよう。

　大抵の調査では事実と考えとの両方の話を聞くことがほとんどであろうし、回答に

図 19-4　車海老の養殖場での聞き取り調査の様子

両方の話が混ざることも多い。そのため、聞き取り結果の整理や分析する際にも、客観的事実とインフォーマントの考えとの違いを意識してほしい。

　どちらが大事なのかは、論文の中でどのようなデータを必要とするのかによる。客観的事実に関するデータが必要なのに、インフォーマントの主観的な考えについての聞き取り結果を使用したり、インフォーマントの主観的な考えに関するデータが必要なのに、客観的事実についての結果を使用したりすることがないように注意しよう。例えば一見すると、上述の「いつから観光客が増えたのか」と「いつから聖地化したと感じているのか」は同じような質問にも映る。しかし、後者はインフォーマントの主観的な考えや印象を聞いているのであり、この質問への回答をもって、「この地域が観光地したのは＊＊年である」と結論づけるのは問題がある。その逆も然りである。なお、聞き取り調査で得られた事実については、調査対象者の記憶違いの可能性もある。知り得た事実については、他のインフォーマントにも話を聞いたり、新聞記事や行政の広報誌を確認したり、他の調査方法でも同じであるか確認する習慣をつけよう。

　もう一つは、どのような立場の方に話を聞いているのかを意識することである。もう一度、アニメの聖地化の例を使って考えてみよう。「聖地化したことは、地域にとってよかったと感じているか」について、お店の方の意見を聞いたとする。聖地化したのが5年前であったとした場合、30年前から開業をしている方の回答と、開業して間もないお店の方の回答とでは、同じ「とてもよいことだと思います」という回答が得られたとしても、回答の持つ意味は異なる。卒論の読者が回答の持つ意味を適切に理解できるよう、聞き取りの結果を論文中で用いる場合は、必要に応じてインフォーマントの立場についても記述するようにしよう。

5．アンケート調査の基本

　アンケート調査は、聞き取りと並んで、卒論でよく用いられる手法の一つといえよう。アンケート調査も多様である。対面形式で行うものもあれば、郵送で行うものや、最近ではオンラインで行うものもある。

　アンケートを行う際にまず意識してもらいたいのが、調査対象の母集団の大きさや範囲の把握である。例えば、古着屋店が集積している地域において、古着屋の店主を対象としたアンケートを行いたいとする。その際には、どの範囲の（どこにある）店舗までを対象とするのが妥当であり、その範囲にはどの程度の店舗が立地するのかを確認する必要がある。特に前者は、研究の目的によって変わってくる。母集団を、古着屋が多く立地する、特定の商店街の店舗を対象とするするのか、あるいはもう少し広い範囲の店舗も含めるのかなどについては、自明ではなく、研究の目的による。

　母集団の大きさや範囲が把握できたら、続いて、どれくらいの回答数が必要であるのかといった点に目を向けてほしい。母集団の規模が小さければ、対象者全員に調査への協力をお願いするのがよいだろう。他方で、何千、何万、何十万と、母集団の規模が大きい場合は、全員にお願いするのは困難なため、一部の方にお願いするかたちになるだろう（標本調査）。調査内容によっては、どのくらいの回答数（サンプル数）があれば意味のある調査となるのかを、統計学的に算出することが必要な場合もある。

　母集団は、地区を限定する（ある地区を対象とした事例研究とする）ことや、調査対象の属性を限定することで、規模を小さくすることもできる。母集団の規模が大きすぎる場合は、実

証することが難しいテーマであったり、研究の目的が漠としていたりする可能性がある。

　アンケートの対象とテーマが決まったら、質問項目をまとめた調査票を作成し、アンケート調査の実施へと進む。調査票は、どのようなデータが必要なのかを熟考した上で作成しよう。アンケート調査のメリットの一つは、多くの回答を数値化しやすい点といえよう。あとの分析のことを考え、重複した内容の選択肢はないか、単一選択と複数選択とのどちらが適切か、いずれかの選択肢を選択できるようになっているか、といった点を丁寧に確認しよう。また、「＊＊についての意見を記入してください」といったように、自由に記述してもらうことで、アンケートでも質的なデータを収集することもできる。

　質問票が完成したら、どのような調査方法が最適かを考えよう。アンケート調査にはいくつかの方法があり、それぞれ長所と短所とがある。たとえば、留置法という、調査者が調査対象者を訪問し、趣旨説明を行った後に質問票を渡し、後日、質問票を回収する方法がある。この方法は回収率が高くなると言われているが、説明が不十分であると、こちらが指定した回答者（例えば世帯主）以外の方が回答する可能性もある。また、集合法という、調査対象者に特定の場所に集まってもらって、アンケートを行う方法がある。この方法は、調査内容の説明や質問票の回収の労力が小さい長所があるのに対し、回答者が指定日時に集まれる人に限定されるといった短所がある。また、回答に周囲の方の意見が影響する可能性がある。面接法という、調査対象者がインタビュー形式で質問する方法もある。この方法は、非構造化インタビューとも呼ばれ、聞き取り調査法の一つとして捉えられることもある。回収率が高くなる方法ではあるが、時間がかかることに加え、調査者の存在が回答に影響する可能性がある。

　他にも、郵便調査法や電話調査法、最近ではオンライン・フォームを活用したインターネット調査法もみられる。また、上述したように、聞き取り調査とアンケート調査との境界線は明確ではない。繰り返しになるが、調査を実施する際は、どのようなデータが必要なのかを十分に検討した上で、最善の方法を選択するようにしよう。いずれの調査も調査対象者に貴重な時間を割いてもらうものなので、くれぐれも「とりあえずアンケート」、「とりあえず聞き取り」というかたちで取り組まないようにしよう。

　調査対象者が調査に参加するのは、調査対象者の善意であることを忘れないでほしい。アンケートの場合であれば、どのような調査であれ、対面であれば趣旨説明の際に、非対面であれば説明の文書において、調査への協力は任意であり参加しなくてもよいことや、途中でやめても構わないことを、しっかりと説明する必要がある。調査は、調査者の同意を得てから、開始しなければならない。なお、調査内容については、事前に指導教員と相談する必要がある。

　アンケート調査については多くの書籍で詳しく説明されているので、質問項目、尺度の設定、分析の方法等の詳細については、それらの書籍を参考にしてほしい。

6.　聞き取りやアンケートのまとめ方

　調査結果を卒論で示すには、集めたデータを整理・分析する必要がある。第15章でも述べたように、収集したデータや分析結果をそのまま全て記載してしまうと、結果のどの部分が問いかけ（目的）や回答（考察）にとって重要であるのかが伝わりにくくなり、説得力の弱い論文となってしまう。

　数字で示せる量的なデータであれば数値データとして、聞き取り調査の会話やアンケートの

自由記述、新聞記事といった、質的なデータであればテキスト（文字）データとして整理してみよう。データの整理の際は、表計算ソフトを使用することをお勧めする。行や列の順番を工夫すると、数字の傾向やテキストの特徴が読み取りやすくなるだろう。特に地域ごとの数値データを整理する場合は、縦方向（列）に地域名を、横方向（行）に各地域の値を入力していくと、地域ごとの特徴が捉えやすくなる。

　整理が終わったら、続いて分析である。もちろん、整理が終わった段階でそのまま論文で利用できるデータや情報もあるだろう。分析方法は分野により多様であるが、特に人文系のテキストデータについては、分析に苦慮することが多いだろう。膨大なデータを前に何をすればよいのかわからなくなった場合は、データの分類から始めてみよう。例えば、聞き取り調査の結果やアンケートの自由記述であれば、重要と思われる箇所に印をつけてみよう。その箇所を短文やキーワードで簡潔に表現し、カードに書き出す。そして、集まったカードをいくつかのグループに分けることで、類型化することができる。この方法はKJ法として、よく知られている。データを前にして戸惑ってしまった際は、試してほしい。

7.　主題図の作成

　地理学の論文では、図表の中でもとくに地図を活用することが重視される。分析結果を地図上に表した主題図のみならず、地域概観を表す際にも地図を活用するのが一般である。

　表や図にはタイトルが必要となる。タイトルを付する位置にはルールがある。表のタイトルは表の上に記し、図のタイトルは図の下に記すのがルールとなっている。本書もそのルールに則っている。例えば表19-1を見てほしい。表のタイトルが表の上にあるのがわかるだろう。他方で図19-5を見てほしい。こちらは、図のタイトルが図の下にあるのがわかるだろう。なお、地図を作成する場合は、方位記号と縮尺を忘れないようにしよう。

　主題図を用いることで、言葉で説明すると、複雑でわかりにくい事象をわかりやすく表現することができる。それにより、論文の説得力が高まる。例えば、武蔵野市の防犯パトロールを例に考えてみたい。防犯パトロールは町内会単位で結成されることが多く、その場合は活動範囲が重なることは稀である。それに対し、武蔵野市では多様な団体が防犯パトロールを実施し

表19-1　武蔵野市の自主防犯団体の基本情報

ID	設立年月	主な設立母体	活動の主たる地理的単位
M1	2005年 4月	神輿の担ぎ手仲間	町丁目
M2	2005年 4月	社会福祉協議会地域支部のメンバー，近隣住民	小学校区
M3	2005年 4月	防犯協会地域支部3支部	防犯協会地域支部
M4	2005年 4月	防犯協会地域支部	防犯協会地域支部
M5	2005年 5月	犬の散歩仲間	メンバーの居住地
M6	2005年 7月	町内の知人	町丁目
M7	2005年 7月	防犯協会地域支部	防犯協会地域支部
M8	2006年 1月	青少年問題協議会地域支部のメンバー，社会福祉協議会地域支部のメンバー，小学校のPTA	小学校区
M9	2006年 4月	防犯協会地域支部	防犯協会地域支部
M10	2006年 8月	宗教団体の地域コミュニティ・レベルの支部	町丁目
M11	2006年11月	町内会（防犯協会地域支部）	町内会
M12	2006年11月	町内会と自治会（防犯協会とは無関係）	町内会
M13	2007年 4月	犬の散歩仲間	メンバーの居住地

前田（2012）を改変

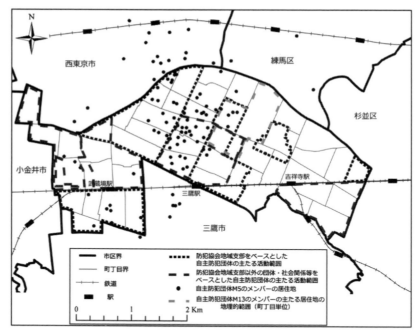

図 19-5　武蔵野市の自主防犯団体の主たる活動範囲
前田（2012）

ていたため、活動範囲が重なっていた。また市外にメンバーがいる団体もあり、武蔵野市の防
犯パトロールは地理的に特徴的なかたちで実施されていた。表19-1は、各団体の設立母体と
活動範囲を示したものである。表からも多様さは伝わるものの、地理的な特徴を捉えにくい。
図19-5は、実際にどこで活動しているのかに加え、市外にメンバーがいる団体については住
民の自宅の分布も表したものである。表19-1も図19-5も同じような情報であるが、主題図が
あることで、空間的な特徴がイメージしやすくなるだろう。

　近年では、GISを使用してデータの分析を行ったり、主題図を作成したりする論文が多く
なってきている。比較的簡単な分析や主題図を作成したい場合は、無料のGISソフトである
MANDARAがお勧めであり、その手引書も充実している（図19-6）。

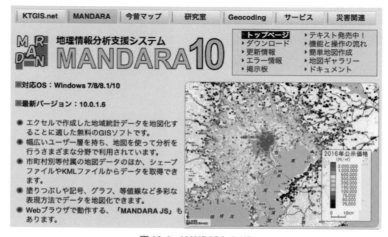

図 19-6　MANDARA の HP
https://ktgis.net/mandara/

　より高度な分析や空間解析に取り組みたい場合は、ArcGIS（図19-7）やQGISに挑戦してほしい。ArcGISは高価なソフトウェアであるが、地理学関係の教室や研究室では、据え置きのパソコンに導入されているケースも珍しくはない。

　なお、GISは高度な分析を可能にするソフトウェアであるが、その結果をもとに図表を作成したり、分析結果を考察したりするのはユーザー自身であることを忘れてはならない。

　ところで、ゼミの発表や卒論で地域概観図を示した際に、地形図やインターネット上の地図をそのまま利用したがゆえに、「情報が多すぎる」や、「必要な情報が載っていない」と注意されたことはないだろうか。そのような際は、パソコンが苦手な学生でも比較的簡便に必要な情報を取捨選択したり、自分で点・線・面や、文字などを簡単にプロットしたりできる、「地理院地図Vector」というサイトがあるので活用してほしい（図19-8）。

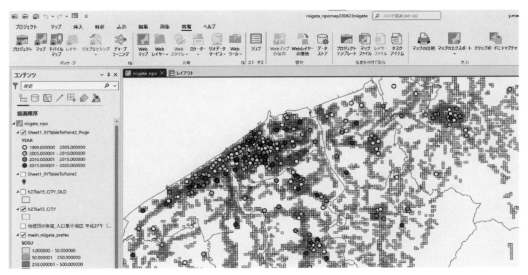

図 19-7　ArcGIS Pro のインターフェイス

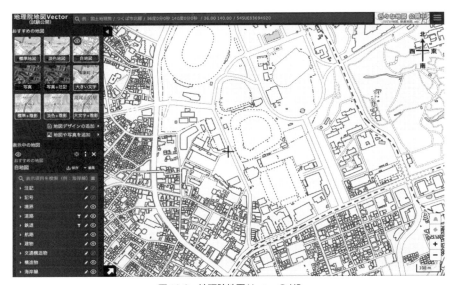

図 19-8　地理院地図 Vector の HP
https://maps.gsi.go.jp/vector/

第3部

卒論のためのデータの集め方とまとめ方

8. フィールドワークや分析の手引書

近年、フィールドワークや分析の手引書や教科書が充実してきている。以下に一例を示しておく。特定の分野に関する調査・分析方法が丁寧に説明されている書籍も増えている。卒論を執筆する際には、何冊か手にとって活用してみよう。

◆人文地理学系
荒木一視・林 紀代美編 2019.『食と農のフィールドワーク入門』昭和堂.
有薗正一郎・小野寺 淳・溝口常俊・遠藤匡俊・古田悦造・吉田敏弘編 2001.『歴史地理調査ハンドブック』古今書院.
河端瑞貴 2022.『経済・政策分析のためのGIS入門　1：基礎　二訂版』古今書院.
佐藤郁哉 2006.『フィールドワークー書を持って街へ出よう』新曜社.
佐藤郁哉 2022.『フィールドワークの技法ー問いを育てる、仮説をきたえる』新曜社.
埴淵知哉・村中亮夫 2018.『地域と統計〈調査困難時代〉のインターネット調査』ナカニシヤ出版.
西 芳実 2016.『被災地に寄り添う社会調査（情報とフィールド科学4）』京都大学出版会.
半澤誠司・武者忠彦・近藤章夫・濱田博之編 2015.『地域分析ハンドブックーExcelによる図表づくりの道具箱』ナカニシヤ出版.
山﨑孝史編 2022.『「政治」を地理学するー政治地理学の方法論』ナカニシヤ出版.

◆自然地理学系
泉 岳樹・松山 洋 2017.『卒論・修論のための自然地理学フィールド調査』古今書院.
井上幹生・中村太士編 2019.『河川生態系の調査・分析方法 単行本』講談社.
田中治夫・村田智吉編著 2018.『土壌環境調査・分析法入門』講談社.
日本第四紀学会編 1993.『第四紀試料分析法』東京大学出版会.
日本ペドロジー学会編 2021.『土壌調査ハンドブック 改訂新版』博友社.
李 盛源・鈴木裕一・佐藤芳徳・安原正也・谷口智雅 2019.『新版 水環境調査の基礎』古今書院.

9. 自然地理学系のフィールドワークと実験ーあきらめなければ道は開ける

自然地理学系のフィールドワークや実験の手法は、各分野によって異なり、一般論を記述することが困難なので割愛した。ただし、卒論を執筆する作法については、人文地理系と本質的には同じで、本書の第2部までにその点を十分に示したはずである。

現在、自然地理学系の分野では、学生が一人で「素朴な」調査を行って、それなりの成果を出すことは難しい状況にある。現在の学問レベルを考えると、フィールドワークの際には、最新の機材が必要となるし、試料の分析は高価な機器を用いて行わなければならない。また、機材や機器を使いこなすには、それなりの教育を受ける必要がある。したがって、自然地理学系のテーマで卒論を執筆するためには、指導教員のバックアップを受けなければならない。そうした「徒弟制度」のもとで卒論を執筆することは、いわゆる理系では当たり前なのかもしれない。理系では、卒論のテーマを学生自身が考える必要が無く、教員から与えられる場合もある。そのような学生は、教員から手厚い指導を受けることができるので、おそらく本書を読む必要もないだろう。

しかし、地理学を学ぶことのできる教室は、いわゆる文系学部にも多く存在する。文系に属しながらも、地理学を学ぶ過程で自然地理学に興味を持ち、自然地理学系のテーマで卒論に取り組みたいと考える学生もいるであろう。従来、大学間の壁は厚かったが、現在はそうした

ものは取り払われてきたように思う。例えば、公開セミナーというかたちで、所属する大学を問わず、自然科学的な分析手法を学ぶ機会も増えている。自然地理学を学ぼうとする学生には、そういった機会を積極的に利用してほしいし、我々もそのような機会をつくっていくつもりである。「文系学部だから」という理由で、自然地理学系のテーマで卒論を書くのをあきらめてほしくはない。真の意味での「文理融合」を体現した卒論にチャレンジしてほしい。

【参考文献・引用文献】
小熊英二 2022.『基礎からわかる論文の書き方』講談社.
谷岡武雄 2008. メガロポリスの提唱者、ジャン・ゴットマンの生涯と業績. 立命館地理学 20: 1-7.
谷　謙二 2022.『フリーGISソフト MANDARA10入門　増補版－かんたん！オリジナル地図を作ろう』古今書院.
野間晴雄・香川貴志・土平　博・山田周二・河角龍典・小原丈明編 2017.『ジオ・パルNEO［第2版］－地理学・地域調査便利帖』海青社.
橋本雄一編 2022.『六訂版 GISと地理空間情報－ArcGIS Pro3.0の活用』古今書院.
前田洋介 2012. 日本のボランタリー・セクターとローカル・ガバナンスの空間. 名古屋大学大学院環境学研究科博士論文.

第20章　卒論を提出する前に－最終チェックリスト

　ここでは、前章までに述べてきたことのまとめと、卒論を提出する前にチェックしてほしい事項を記す。

　卒論とは学術論文に準ずるものであるから、執筆に際してはルールが存在することについて、何度も指摘してきた。それらが守られているか、いま一度確認してほしい。また、卒論のゴールは、既存研究を踏まえ、それらにプラスアルファの情報もしくは考察を提示し、「新規性」を示すことである。それらができているであろうか、この点も確認する必要がある。

　以下、具体的なチェック項目を挙げるので、各自で確認して、不足していれば加筆修正してほしい。

- □　既存の地理学研究を踏まえて、研究目的が設定されている。「はじめに」に既存研究が引用されている。

- □　研究目的と研究対象地域がマッチしている。研究対象地域の選定理由がしっかりと説明されている。

- □　題目と内容があっている。両者に齟齬が生じていない。

- □　「地域概観」に必要な情報が述べられている。不必要な情報が示されていない。

- □　対象地域を的確に示した地域概観図が提示されている。

- □　「研究方法」が述べられている。研究目的に沿った研究手法がとられている。

- □　「結果」の章に、新規性のあるデータが示されている。

- □　調査結果を反映させた主題図が提示されている。

- □　「考察」が記されている。既存研究との比較、これまでの研究史における位置づけが述べられている。単なる地域調べになっていない。

- □　ゼミで議論された内容が卒論に反映されている。

□　各文章において、正しい主語と述語の関係が成り立っている。

□　引用文献の示し方（文中およびリスト）が適切である。

　通常、卒論は書いたら終わりということは無く、提出後に口頭試問や発表会が設定される。執筆内容を忘れないうちに、それらの準備を行って、要点を的確に説明できるように、そして質問に明確に答えられるようにしてほしい。
　また、卒論を書き終えたら、調査でお世話になった方々に対して、調査成果（卒論）とお礼状を送ることを忘れてはならない。

おわりに

　本書の企図は、卒論の執筆段階で学生が悩んだり、つまずいたりしやすい点に注目して、その解決のための糸口を我々から提案することにより、学生自らに卒論執筆の道筋を立ててもらおうというものである。したがって、論文の構成や執筆の際のルールなどについては詳細に記述した。一方、フィールドワークの手法や、フィールドワークで得たデータのまとめ方については、それらを示した様々な書籍が刊行されているので、各自の分野に適したものを参照してもらうこととして、本書では簡略化した。

　本書では卒論を学術論文に準ずるものとして位置づけ、執筆方法については一般的な地理学の論文を念頭に、ニュートラルな立場で記載したつもりである。ただし、執筆のテクニックは、おもに著者らが名古屋大学大学院の地理学教室に在籍していた際に学んだものであり、独特な点もあるかもしれない。その点はご承知いただき、本書と各大学における論文指導の長所を生かして、卒論を執筆してもらいたい。

　文章中で何度か述べたが、我々教員の立場からすれば、卒論を書くことによって学生に大発見や大きな社会的提言をしてもらおうという気持ちはない。学問の世界は、それほどきらびやかなものではない。特に地理学の場合は、インスピレーションよりも調査の積み重ねによって研究の発展がなされることが多い。地道に学問に誠実に向き合って書かれた卒論は、どのような結果になったとしても素晴らしいものである。我々も様々な研究を行ってきたが、思ったようなデータが集められずに、うまく考察にまで持っていけなかったことも多い。卒論に取り組むにあたって、十分な準備が必要なことは言うまでもないが、それでも壁にぶち当たる可能性は高い。研究は、トライアル・アンド・エラー（trial and error）によって一歩一歩結論へと向かっていくしかないのである。そうした態度は、学問の世界だけではなく、大学を卒業して、社会に出てからも必要となる。物事について筋道を立てて説明し、考察するという力が求められる卒論は、社会に旅立つにあたっての準備という役割も有する。

　かつて学生に「なぜ他の学部では卒論なんて書かなくていいのに、私たちは書かなければならないのですか」という質問を受けたことがある。突然の問いだったので、その際には曖昧に答えるしかなかった。しかし、今でははっきりと答えることができる。「書かされているのではなく、書くという貴重な機会を得ているのだ」と。他の学部のことは詳しくないが、卒論を執筆するということは、地理学というディシプリンのもとで、学問の本質に近づこうとする作業であり、実に尊いことである。自分でテーマを決め、取り組むための方法を考え、フィールドワークを行い、その結果を学術論文のルールに従って記載し、考察する。そんな経験ができるのは、学生もしくは研究者の特権である。

　最後に、本書の編集を担当していただいた古今書院の鈴木憲子さんに感謝を申し上げたい。この企画を提案された際、我々は及び腰であった。「はじめに」に述べたように、卒論に取り組む学生を型にはめることにならないかという危惧があったからだ。しかし、毎年のように同じようなところでつまずく卒論生をみて、何とか力になれないかという気持ちのほうが結果的に勝った。卒論生が本書をうまく活用するとともに、地理学をより深く理解して大学を卒業し、世の中で活躍してくれることを祈念する。

著者略歴

小野　映介（おの　えいすけ）
　駒澤大学文学部 教授
　1976 年静岡県生まれ. 名古屋大学大学院文学研究科修了. 博士（地理学）.
　専門は, 沖積平野の地形発達史. 日本各地の考古遺跡を対象として, 地形環境史研究を
　実施している. また, 東南アジアや南部アフリカにおいて人と自然の関係についての
　調査・研究を行っている.

前田　洋介（まえだ　ようすけ）
　新潟大学教育学部 准教授
　1981 年東京都生まれ. 名古屋大学大学院環境学研究科修了. 博士（地理学）.
　専門は, 社会地理学・政治地理学. 日本やイギリスの地域社会のガバナンスについて,
　NPO や自治体内分権制度に着目して調査・研究を行っている.

書　名	地理学で卒業論文を書こう
コード	ISBN978-4-7722-5352-9　C3025
発行日	2024 年 3 月 25 日　初版第 1 刷発行
著　者	小野　映介・前田　洋介
	Copyright 　© 2024 ONO Eisuke and MAEDA Yosuke
発行者	株式会社古今書院　橋本寿資
印刷所	株式会社理想社
発行所	（株）古今書院
	〒 113-0021　東京都文京区本駒込 5-16-3
電　話	03-5834-2874
F A X	03-5834-2875
U R L	https://www.kokon.co.jp/
	検印省略・Printed in Japan